大人の言い換えハンドブック

Upgrade Your Japanese

話題の達人倶楽部［編］

青春出版社

人生を豊かに過ごすための言葉の使い方を知っていますか……はじめに

「口から高野《こうや》」ということわざがあります。言葉で失敗を招いてしまうと、高野山にのぼって出家しなければならなくなる、という戒めです。他方、英語には「Out of the mouth comes evil」（禍は口から生じる）という成句があります。洋の東西を問わず、先人は「言葉にはくれぐれも注意せよ」と教えてくれているのです。

出家につながるような言葉づかいは論外にしても、大人たるもの、つねに適切な言葉選びを心がけたいもの。ただし、これがけっこう厄介な問題で、数ある言葉のなか、どの言葉がふさわしいかは、時と場合と相手によって、たえず変化します。ここでは、仕事上の会議を例にとってみましょう。

まずは、あなたが何らかのプランを提出する立場だとします。そんな役回りのときは、「叩き台にしていただければ幸いです」と謙虚に切り出すのが、大人の物言い。一方、人のプランに対して「叩き台」というのは、かなり失礼なことになります。○○さんの「案」や「プラン」というのが常識です。

また、頭に浮かんだアイデアを口にするとき、「ちょっとひらめいたのですが」と前置きするのはNG。「ひらめき」はポジティブな言葉ですから、自分で自分をほめることになってしまいます。「ちょっと思いついたのですが」あたりが、適切な言葉づかいでしょう。一方、人のアイデアに対しては、「○○さんの思いつき」ではなく、「○○さんのひらめき」とポジティブに表現するのがベターです。

そして、賛成か反対か、意見を表明するときは、言葉選びの正念場といえます。たとえば「反対です」と言い切っては、身もふたもありません。「反対です」は文法上は問題のない日本語であっても、大人語としては禁句といってもいい言葉。無用な反発を避けるため、「そのあたりが『見解の分かれるところ』かもしれませんね」くらいの婉曲フレーズを心得ておきたいものです。

もちろん、仕事の場面に限らず、言葉選びには、その人の能力、人格、教養が端的に現れます。時と場合と相手によって「夜」は「夜分」、「嫌い」は「好みではない」、「もらい物」は「いただき物」、「失敗」は「不首尾」と言い換えられるのが大人です。言葉は、あなたの大人度を示すいちばんのバロメーターなのです。

結局、人に好かれるかどうか、仕事ができるかどうか、そして人生を豊かに過ごせるかどうかの90％は、言葉づかいで決まります。人生をより豊かにするため、本書で、大人の「言い換え」をマスターしていただければ幸いに思います。

２０１８年６月

話題の達人倶楽部

Step 1

使う言葉を少し変えれば、「世界」は新しく見える ……… 15

Step3

できるビジネスパーソンは、その時、こう言い換える

Step6

◎カバー・オビイラスト
iStock.com/jesadaphorn
jesadaphorn/shutterstock.com
◎DTP
フジマックオフィス

Step1

使う言葉を少し変えれば、「世界」は新しく見える

1　いつもの日本語を〝よそいき〟にする方法

◉「言葉を知っている人」は、いつもの言葉をこう換える

□手土産→お持たせ

自分が持参した土産は「手土産」、お客が持ってきてくれた土産は「お持たせ」というのが大人。お客が持ってきてくれた土産をさっそく出す場合には、「お持たせで申し訳ありませんがおいしそうなので」などと一言断るのが礼儀。

□贈り物→お遣《つか》い物、ご進物

人に贈る物は、「お遣い物」か「ご進物」と言い換えたい。「お遣い物にいかがですか」など。なお、「付け届け」も人に贈る物のことだが、今は「賄賂」というニュアンスを含むので、安易に使わないほうがいい。

□**もらい物↓いただき物、到来物《とうらいもの》**

「頂く」は謙譲語なので、「いただき物」も謙譲のニュアンスを含み、相手への敬意を表せる。古風ではあるが、「到来物」や「頂戴物」という言い方もある。

□**食べ物↓お口汚し**

「お口汚し」は、人に料理をすすめるときの言葉で、「ほんのお口汚しですが」などと使う。「お口ふさぎ」という言い方もある。

□**一杯↓ご一献《いっこん》**

人に酒をすすめるときは、「どうぞ、一杯」ではなく、「どうぞ、ご一献」といいたい。ただし、もともと「ご一献」は男性が使うのに似合うとされてきた言葉。気にしそうな相手なら「お一ついかがですか」という言い方もある。

□**燗酒↓お熱いの**

「お熱いの」は、熱燗など、温めた日本酒の代名詞。「お熱いのをお一つ、どうぞ」などと、酒をすすめる。

□**酒が飲める↓いける口**
「いける口」は、人並み以上に酒が強いという意味。「いける口ですね」など。

□**雨↓お湿《しめ》り**
「お湿り」は、単なる雨ではなく、晴天続きのなか、多くの人が待っていた雨という意味を含む。毎日、雨が降るような時季には使えない。

□**水撒《ま》き↓打ち水**
「打ち水」は、「水撒き」を品よく言い換えた言葉。とりわけ、涼をとるために水を撒くときには「打ち水」と表したい。

□**妊娠↓おめでた**
「おめでた」は、もとは結婚を含めて慶事全般を指したが、現在ではもっぱら「妊娠」を意味する言葉として使われている。「お嬢さん、おめでたなんですってね」など。「妊娠」という生々しい言葉を避けるための大人語。

□臨月↓産み月

「臨月」も「産み月」も、出産予定の月のこと。たとえば、出産予定の月を尋ねるときに「臨月」ではなく、「産み月」を使ったほうが、大人の会話にふさわしい。

□嫁に行く↓縁づく

「縁づく」は、女性が結婚すること、男性が婿入りすることを意味する大人語。多少、時代遅れの感はあるが、「ようやく、長女が縁づきましてね」などと使う。

◉「言葉を知っている人」は、気になる言葉をこう換える

□住所↓お住まい

相手に住所を尋ねるときは、「ご住所」を使うよりも、「お住まいはどちらですか」というほうが、こなれた敬語になる。

□出身地↓お国

「お国はどちらですか」は、出身地を尋ねるときの定番句。「お生まれはどちらですか」という問い方もあるが、生まれた場所と育った場所が違う人もいるので、話が面倒になることもある。「お国」を問うほうが、雑談をスムーズに進められる。

□育ち↓生い立ち

「育ち」自体に悪い意味はないのだが、「育ちが悪い」「育ちが育ちだから」など、ネガティブなフレーズで使われることが多いため、「生い立ち」に言い換えたほうが無難。

□性格↓気立て、心根

人柄についての話は、「性格」よりも、「気立て」や「心根」を使ったほうが、やわらかく聞こえる。「性格のいい娘さん」は「気立てのいい娘さん」、「性格のやさしい人」は「心根のやさしい人」と言い換えるなど。

□人間性↓お人柄、人となり、ご人徳

「人間性」は「人間らしさ」という意味の言葉だが、「人間性が問われる」「人間性を疑う」などと使われるうち、ネガティブな意味合いを感じさせる言葉になっている。人に対して使うときは、「お人柄」や「人となり」と言い換えると、マイナスのニュアンスが生じない。さらに、「お人柄」を「ご人徳」と言い換え、「○○さんのご人徳ですね」などと使うと、目上にも通用する〝お世辞〟になる。

◉「言葉を知っている人」は、あの言葉をこう換える

□関係がある↓ゆかりがある

「関係がある」という言葉は、肉体関係を想像させる場合があるので、なるべく避けたい表現。「ゆかりがある」と言い換えると上品に表せる。なお、この「ゆかり」は漢字では「縁」と書く。

□言いつけ↓仰《おお》せ

相手への敬意を表したい場合には、「仰せ」に言い換えるとよい。「仰せに従います」「仰せのとおりにいたします」などと用いる。

□最中→たけなわ

「たけなわ」は、漢字では「酣」や「闌」と書き、物事の盛りを表す。とりわけ、宴会をめぐっては、「宴もたけなわ」というのが定番表現。

□直接→直々《じきじき》

「直々に」は、ほかの人をはさまずに本人が直接に、という意味。この言葉を使うと、相手への敬意を込めることができる。たとえば、「社長から直接に」を「社長から直々に」と言い換えるだけで、社長への敬意を表したことになる。

□出発→お立ち

「何時にご出発ですか」と聞くよりも、「何時にお立ちですか」と尋ねるほうが、やわらかく聞こえる。なお、この「たつ」は、漢字では「発つ」とも「起つ」とも書く。

□暇→お手透《す》き

「お暇な折り」といっても間違いではないが、相手を暇人《ひまじん》扱いするようなニュアンスを含むので、言い換えたほうがいい。「暇」という言葉を避け、「お手透きの折りにでも、どうぞ」などと言い換えるのが得策。

□うさ晴らし↓気晴らし

「うさ晴らし」も「気晴らし」も、嫌な気分をまぎらすこと。ただ、ニュアンスは違って、「うさ晴らし」の酒は自棄《やけ》酒になりそうだが、「気晴らし」の酒なら、まだしも楽しそう。人を誘うときには、「気晴らしにいかがですか」などと、「気晴らし」を使うこと。

□お叱り↓御叱正

口語では「お叱り」でOKだが、文章では「御叱正」に言い換えたほうが重々しい表現になる。おおむね、そのあとには、謝罪の言葉を続けることになるのだから。

□お会いして以来↓一別以来

「お会いして以来」でも間違いではないが、それを大人語化すると「一別以来」になる。久しぶりに再会した人には、「一別以来ですね」といえばよい。

2　大人っぽい言い方ができる人の言葉の使い方

◉ふだん使いの言葉を丁寧な言い方にしてみよう

□天気↓日和、雲行き

天気関係の言葉には美しい大和言葉が多いので、言い換えを心得ておくと、語彙が豊富にみえるもの。基本的な言葉である「天気」は、「日和」や「雲行き」に言い換えられる。「いい日和ですね」「雲行きが怪しいですね」など。

□日没↓日の入り

「日が沈むのが早くなりましたねぇ」というよりも、「日の入りが早くなりましたねぇ」というほうが、大人の日本語としてよりこなれている。

□地肌↓素肌

「地肌」は、「大地の地肌」「陶器の地肌」など、物に対しても使う言葉。人の肌に対して使うときは、「素肌」のほうが、語感が美しいうえ、誤解を招かない。

□裸足↓素足

「裸足」も「素足」も、ともに靴や靴下を履いていない足のこと。「素足」のほうがやや上品に聞こえ、とりわけ女性の足を形容する場合には「素足」がよく似合う。一時期、よく使われた「生足《なまあし》」は、最も俗語的であり、使わないほうがいい。

□食う↓食べる、いただく

「食う」という動詞は品がないので、極力「食べる」に言い換える。「食い放題」は「食べ放題」、「食わず嫌い」は「食べず嫌い」、「食い意地が張っている」は「食欲旺盛」「食い道楽」は「グルメ」や「食通」に言い換える。ただし、「道草を食う」「大目玉を食らう」などの慣用句は「食う」を使うのが定まった形であり、「食べる」や「いただく」に言い換えることはできない。

□食い物→食べ物

これも「食べ物」に言い換えたほうが上品だが、成句は別。「食い物の恨みは恐ろしい」や「食い物にされる」は、これが定型の成句なので、「食べ物」に言い換えることはできない。「食い物」という言葉を使いたくなければ、別の言い回しを選ぶしかない。

□飯《めし》→食事、ご飯

「飯」は、「召す」の連用形の「召し」に由来する言葉。ただし、現代では品のない言葉なので、「食事」や「ご飯」に言い換える。ただし、これも成句は別で、たとえば「三度の飯より○○が好き」は「飯」を使うのが定型なので、「三度のご飯」や「三度の食事」に言い換えることはできない。

□飲んべえ→酒豪

「飲んべえ」というと、酒にだらしない人という意味になるが、「酒豪」というと、飲んでも乱れない人というニュアンスになる。「酒好き」「大酒飲み」「飲んだくれ」も、「酒豪」と言い換えておけば、たとえ相手の耳に届いても問題ないはず。

□漬物↓お香々、香の物

単に「漬物」というのは、いささかぞんざい。「お漬物」と「お」をつけるか、「お香々」や「香の物」と言い換えると、品よく聞こえる。

□ひいまご↓ひまご（曾孫）

「ひいまご」は、「ひまご」が音変化した言葉。音変化すると幼稚な感じになる言葉が多いものだが、この言葉も例外ではない。文章やあらたまった会話では「ひまご」を使ったほうが大人度は高い。なお、漢字では、どちらも「曾孫」と書く。

□朝晩↓朝夕

「朝夕」のほうが、「朝晩」よりも、わずかながら格調高く響く。そこで、「朝晩の食事」のような日常的な言葉には「朝晩」を使い、「朝夕の勤行《ごんぎょう》」などは「朝夕」を使うとしっくりくる。

□朝っぱら↓朝のうち、朝方

「朝っぱら」は漢字では「朝腹」と書き、「朝食前の空腹」という意から、「早朝」を意味するようになった。「朝のうち」や「朝方」に言い換えると、目上に対しても使える言葉になる。

□貸したお金↓立て替えたお金

大人の会話用の〝辞書〟には、「借りる」という言葉はあっても、「貸す」という言葉はないと心得ておきたい。「立て替える」に言い換えるのが常識。「先日、お立て替えした分」など。

□そっくり↓生き写し

親や祖父母とそっくりの場合には、「生き写し」を使うとしっくりくる。「お祖父さんの生き写しだねぇ」など。なお、この言葉は、すでに亡くなっている直系の肉親と似ている場合に使うのがふさわしい。生きている親や祖父母と似ている場合に使うのは、誤用に近い。

□金色↓黄金色《こがねいろ》、山吹色

むろん、「金色」でも問題はないが、「黄金色」や「山吹色」を使ったほうがぴったりくる場面もある。たとえば「黄金色に波打つ稲穂」や「山吹色の大判小判」のように。おおむね、日本語では、色に関する表現は、語彙力の見せどころになる。

□海のそば↓海辺、浜辺、波打ち際、渚

場所によって、その〝そば〟に関する表現は変化する。橋のそばは「橋のたもと」、湖のそばは「湖のほとり」というように。海の場合は「海辺」「浜辺」のほか、「波打ち際」「渚」くらいは心得ておきたい。

□雪景色↓銀世界

「雪景色」もきれいな言葉だが、「銀世界」とも言い換えられる。あたり一面、雪が降り積もった光景のことで、「一面の銀世界」などと使う。

◉身体に関する言葉の〝大人度〟を上げるには？

□体つき↓背格好

たとえば、「体つきがそっくり」というよりも、「背格好がそっくり」というほうが、日本語としてはこなれている。「身長体重が同じくらい」も、「背格好が似ている」と言い換えると、大人の日本語になる。

□腹這い↓うつ伏せ

「腹這い」よりは、「うつ伏せ」のほうが、まだしも語感がよい言葉。「腹這いになってください」は「うつ伏せになってください」に言い換えるとよい。

□腹一杯↓おなか一杯

「お」がついている分、「おなか」（お腹）のほうが、まだしも下品ではない言葉。おおむね、「腹《はら》」のつく語には品のない言葉が多いので、言い換えを考えたほうがいい。たとえば、「腹ぺこ」や「すきっ腹」は「空腹」に言い換えるなど。

□妊娠↓身重《みおも》

昔から「妊娠中の体」は「身重の体」と表現されてきた。今も、この言葉を選んだほうが大人度は高くなる。

□ほっぺた、ほっぺ↓頬

「ほっぺた」や「ほっぺ」は、幼稚さを感じさせる言葉なので、単に「頬」といったほうがいい。「ほっぺが落ちそう」（ひじょうに美味しいという意味）も、「頬が落ちそう」に言い換える。

□膝小僧↓膝頭

「膝小僧」はかわいい言葉ではあるが、大の大人が「膝小僧をぶつけましてね」などというと、いささか幼稚に聞こえるもの。「膝頭をぶつけましてね」くらいはいえるようにしておきたい。

□顔つき↓顔だち

ともに、容貌、表情のことだが、「顔だち」のほうがやや上品に響く。ほかには「面差し」も語彙力を感じさせる言葉。「面差しがお父さんにそっくりですね」など。

□目つき↓まなざし

ともに、目の様子を表す言葉だが、「まなざし」のほうが品がある。たとえば、「鋭い目つきで見つめる」は、「鋭いまなざしで見つめる」と言い換えるとよい。

□**へっぴり腰→及び腰**

「へっぴり腰」は、漢字では「屁っ放り腰」と書く。品のある言葉ではないので、「及び腰」に言い換えるとよい。意味は、ともに不安定な腰つき、不安定な態度のこと。

□**しかめっ面→渋面《じゅうめん》**

「しかめっ面」を熟語に言い換えると「渋面」になる。「渋面を作る」など。また、「苦々しい顔つき」と言い換えることもできる。

◉これはおさえたい「できる大人」の言葉の選び方

□**遠いところ→遠路《えんろ》**

「遠路」は、遠くから来てくれた人を迎えるときによく使われる言葉。「遠いところをすみません」というよりも、「遠路はるばる、申し訳ありません」といったほうが、大人っぽく聞こえるもの。

□金銭が乏しい↓手元不如意《ふにょい》

「不如意」は、もとは「意の如くにはできない」という意味だが、「手元」がつくと、お金がないという意味になる。「あいにく、手元不如意なものでして」など。

□出費↓物入り

「物入り」の「物」はお金を意味する。「このところ、何かと物入りなものですから」など。

□子ども↓授《さず》かり物

「授かり物」は、もとは神仏から賜るもののことであり、今はもっぱら、産まれてくる子どもを意味する。「お子さんは？」と尋ねられたときには、かつては「これはかりは、授かり物ですから」と答えるのが、定番のやりとりだった。

□つまらないもの↓心ばかりのもの、ささやかなもの

手土産を持参したときに使う言葉。かつての定番フレーズ「つまらないものですが」は、へりくだりすぎだと〝瀕死語〟化し、代わりに「心ばかりのものですが」や「ささやかなものですが」が使われるようになっている。

□**お釣り↓お返し**

「お返し」は、本来は、人から物を贈られたときに、返礼としてこちらからも物を贈ること。その言葉が、「お釣り」を意味する丁寧語としても使われるようになった。「200円のお返しです」など。

□**荷物↓お手回り品**

「手回り」は手の届く範囲のことで、「手回り品」はもとは身の回りに置いて使う品のこと。今は「携帯品」という意味で、接客用語としてよく使われている。「お手回り品をお預かりいたしましょうか」「お手回り品にお気をつけください」など。

□**修理↓お直し**

接客用語としては、「修理」は「お直し」に言い換えられることが多い。「お直しいたしましょうか？」など。

□万歳↓万々歳

「万歳」は、両手を上げることから、「お手上げ」（どうしようもない状態）という意味に使われることもある。一方、「万々歳」は、「万歳」本来の意味の強調語なので、「お手上げ」の意味に誤解されることはない。「これだけ売り上げが伸びれば、万々歳ですね」など。

□めずらしいもの↓貴重なお品

「めずらしいもの」というと、珍奇なもの↓変わったもの↓趣味の悪いものというニュアンスを含むことがある。相手からプレゼントされたときには、「貴重なお品」を使い、「貴重なお品を頂戴いたしまして、ありがとうございます」といったほうが誤解を招かない。

□物知り↓博学、博識

「物知り」は１００％のほめ言葉ではなく、皮肉っぽく聞こえる場合もあるので、本気で持ち上げるなら「博学」や「博識」を使いたい。また、「よく知っていますね」も「博学でいらっしゃいますね」と言い換えると、ほめ言葉としての効果が高くなる。

□**最高↓理想的**

某プロ野球選手の影響か、何でも「サイコー！」と表す人がいるが、大人なら場面に応じて、「理想的」「極上」「最上」「ひじょうにいい」などを選び分けたい。

□**露骨↓あからさま**

「露骨」は、いささか〝露骨な〟表現。大和言葉の「あからさま」を使ったほうが、やわらかに表現できる。たとえば「露骨にいうものではない」は「あからさまにいうものではない」に言い換えることができる。なお、「あからさま」を「明らさま」と書くのは間違い。当て字だが、「白地」と書いて「あからさま」と読む。

◉よく使う「名詞」だからこそ、丁寧に表現する①

□**服↓お召し物**

「召す」は、「食べる」「飲む」のほか、「着る」「履く」の敬語としても使われる動詞。それを使った「お召し物」は、相手が着る衣服に対する尊敬語。「お召し物、汚れませんでしたか」など。

□**顔↓ご尊顔**

「ご尊顔」は、相手の顔を敬っていう言葉。「ご尊顔を拝する」(「会う」の最上級の敬語) という形で使うことが多い。

□**足↓おみ足**

「おみ」は接頭語で、漢字で書けば「御御」。「どうぞ、おみ足をお伸ばしください」「おみ足をおもみしましょうか」など。

□**髪↓御髪《おぐし》**

「御髪」は、髪の毛に対する尊称。もとは女房詞《ことば》で「御櫛」と書いた。「御髪が伸びましたね」など。

□**体↓御身《おんみ》**

「御身」は、相手の体を敬っていう言葉。現代では、おもに手紙文で、「時節、御身お大切に」などと使う。口語では「お体」でOK。

◉よく使う「名詞」だからこそ、丁寧に表現する 2

□体調→ご加減、お具合

相手の体調は、「ご体調」といってもよいが、「ご加減」や「お具合」といったほうが、こなれた言葉になりやすい。

□名前→お名前、ご氏名、ご芳名、ご高名《こうめい》

名前には多数の尊称があるので、時と場合によって使い分けたい。普通は「お名前」か「ご氏名」、あらたまった席や文章では「ご芳名」を使い、「ご高名」は「ご高名はかねがね伺っております」などと相手を持ち上げるときに使うなど。

□思いつき→ひらめき

人のアイデアは「ひらめき」と持ち上げ、自分のアイデアは「思いつき」とへりくだるのが大人の物言い。「ちょっと、ひらめいたのですが」ではなく、「ちょっと思いついた

のですが」というほうが、「たいしたアイデアではない」という謙虚な姿勢を表せる。

□命令↓お声がかり

「お声がかり」は、地位の高い人から、特別な命令や処遇を受けること。「会長のお声がかりで、事業がスタートする」「社長のお声がかりで、部長に抜擢される」など。

□指導↓お引回し

相手に指導してもらうことは、大人語では「お引回し」という。「よろしくお引回しのほど、お願いいたします」など。

Step2

「品がいい人」の日本語はどこが違うか

1　日常会話にさりげなく上品な言葉を混ぜてみよう

◉いろんな言葉を品よく言い換える①

□運→巡り合わせ、星回り

「巡り合わせ」は、しぜんに回ってくる運命のことをいう。「これも、何かの巡り合わせだろう」など。また、「星回り」も同様の意味で、「星回りが悪かったんだよ」などと使う。

□（男女の）出会い→馴れ初《そ》め

「馴れ初め」は、恋愛関係になった発端のこと。「どうやって出会われたのですか？」は、「お二人の馴れ初めは？」と言い換えることができる。

□**下準備→お膳立て**
「お膳立て」は、もとは、お膳の上に料理や食器を並べて、食事の用意をすること。そこから、「下準備」という意味で使われるようになった。「お膳立てを整える」など。

□**くだもの→水菓子**
「水菓子」とは、水気の多い菓子のことではなく、「くだもの」のこと。そもそも「菓子」の「菓」には「くだもの」という訓読みがあるくらいで、菓子の始まりはくだものだった。

□**日常生活→起き伏《ふ》し**
「起き伏し」は、起きたり寝たりすることで、そこから日々の生活という意味にも使われる。「起き伏しもままならない」が定番の使い方。

□**得意→お手の物**
「お手の物」は、自分の手の中にあるように、慣れていてたやすくできること。「車の運転なら、お手の物だ」など。なお、「手の者」と書くと、別の言葉で、配下の者という意味になるので、「物」と「者」の書き分けに注意。

□**静寂《せいじゃく》↓しじま**

「しじま」は静まりかえっていることで、「夜のしじま」などと使う。なお、「しじま」も漢字では「静寂」と書く。

□**騒音↓ざわめき**

前後の言葉との関係によっては、「ざわめき」という大和言葉がしっくりくるもの。「木々のざわめき」や「場内のざわめきがおさまる」など。

□**川の流れる音↓せせらぎ**

「せせらぎ」は、川の流れる音。ただし、浅瀬をさらさらと流れる音であり、大きな川や濁流には似合わない。また、あくまで「音」であり、川自体を意味するわけではない。

□**夕方↓たそがれ、火点《ひとも》し頃《ごろ》、宵の口**

日本語には、時間帯を表す言葉が多数ある。夕方の言い換えとして、「たそがれ」「火点し頃」「宵の口」くらいは心得ておきたい。

□様子→たたずまい

「たたずまい」は、人や物がそこにあるさま。ただし、単なる「様子」ではなく、それが醸し出す雰囲気まで伝える言葉。「落ちついたたたずまい」や「静謐なたたずまい」など。

□一日中→ひねもす

「ひねもす」は、一日中、朝から晩まで、という意味。「春の海ひねもすのたりのたりかな」（与謝蕪村の俳句）、「ひねもす、読書にふける」などと使う。漢字では「終日」と書く。

□無事に→つつがなく

「つつがなく」は、病気や災難などが起きないさまで、人間の体に害をなす「恙虫《つつがむし》がいない」状態に由来する言葉。「つつがなく、お過ごしのことと存じあげます」など。

◉いろんな言葉を品よく言い換える②

□膝を崩して↓お平らに

「お平らに」は、正座している足を崩して、楽に座るようにすすめる言葉。座敷で正座し、かしこまっている相手には、「どうぞ、お平らに」と声をかけるもの。

□手加減↓お手柔らかに

「お手柔らかに」は、手加減してやさしく、という意味。「お手柔らかにお願いします」は、勝負事などを始めるときに、相手にかける社交辞令。相手の強さを認めていてこそのひと言。

□冗談↓お戯《たわむ》れ

「戯れ」（ふざけること）に「お」をつけると、相手の質の悪い冗談などを意味する言葉になる。相手の悪ふざけは「お戯れを」と制すればよい。

□**上品↓たおやか**

「たおやか」（嫋やか）は、しとやかで上品なさまを表す。「たおやかな女性」「たおやかな身のこなし」など。

□**延期↓日延べ**

「日延べ」は、予定の期日を延ばすこと。「開幕を日延べする」など。

□**恥↓名折れ**

「名折れ」は、名誉が損なわれること。「一門の名折れ」などと使う。

□**禍《わざわい》↓もしもの事、万が一のこと**

昔の人は、言葉には言霊《ことだま》が宿ると考え、極力、不吉な言葉を口にしなかった。今に残る「もしもの事」や「万が一のこと」という表現も、そうした考え方から生まれた表現とみられる。暗に、大きな禍や最悪の事態を意味し、「もしもの事があったら、どうしよう」などと使う。

□**健康→すこやか**

「すこやか」は、体が丈夫で元気なさま。「すこやかに成長する」「すこやかな寝顔」などと使う。単に「健康」というよりも、相手を慈《いつく》しむ気持ちを含む言葉。

□**手掛かり→よすが**

「よすが」(縁)は、物事をする際に助けとなるもの。「~をよすがとする」「よすがもない」などと使う。「足掛かり」も同様に言い換えられる。

□**手引き→手ほどき**

「手引き」は、「手引き書」などのように、「手ほどき」と同じ意味にも使うが、「内部から手引きをする」など、悪事に関して使うこともある。初心者を教えるときには、「手ほどきをする」といったほうが、誤解を招かない。

□**心得→たしなみ**

「たしなみ」(嗜み)は、心得、好み、趣味といった意味。「茶道のたしなみがある」「女のたしなみ」など。

◉「動詞」を品のいい大和言葉にする方法①

□会う→お目もじ

「お目もじ」は、漢字で書くと「御目文字」で、「会う」の謙譲語。「お目にかかる」を雅《みやび》に表した言葉で、「次回、お目もじした折に」などと使う。なお、「〜文字」がつくのはもとは宮中で使われていた女房詞で、「湯もじ」「かもじ」（かつらのこと）「ひもじい」なども、同様にもとは宮中で使われた一種の隠語。

□目立つ→水際立つ

「水際立つ」は、ひときわ目立つという意味。「目立つ」ときは、悪い方向に目立つこともあるが、「水際立つ」はつねにポジティブな形容になる。とりわけ、芝居関係では「水際立った演技」が慣用句のように使われている。

□精を出す→いそしむ

「いそしむ」は、漢字では「勤しむ」と書き、努め励むこと。「精を出す」は「金儲けに精を出す」「子作りに精を出す」のようにも使われる言葉。「研究」や「勉学」には、「いそしむ」のほうがよく似合う。

□**いい匂いがする↓かぐわしい**

漢字では「芳しい」と書いて、「かぐわしい」とも「かんばしい」とも読む。なお、「かぐわしい乙女」という言葉は、いい匂いがするという意味ではなく、一種の比喩表現で、「香気を放つように美しい」という意味。

□**想像する↓思いを馳せる**

「思いを馳せる」は、大和言葉の〝人気アンケート〟をとると、かならず上位にくる言葉。意味は、親愛の情を込めて想像することで、「ふるさとに思いを馳せる」や「離れて住む妻子に思いを馳せる」などと使う。

□**好意を抱く↓心を寄せる**

「心を寄せる」は、好意を抱く、あるいは思いをかけるという意味。「旅先で知り合った異性に、心を寄せる」など。

□待つ↓心待ちにする

「心待ちにする」は、今か今かと思いながら待つことで、「息子の帰省を心待ちにする」などと使う。単に「待つ」というよりも、こまやかな情愛を感じさせる言葉。

□気がとがめる↓心苦しい

「心苦しい」は、相手の配慮や親切に対して使う言葉で、「ご配慮のほど、ありがたくて心苦しいほどです」などと使う。

◉「動詞」を品のいい大和言葉にする方法②

□酒を飲む↓聞こし召す

「聞こし召す」は、もとは「聞く」の尊敬語であり、お聞きになるという意味である。ところが、「酒を飲む」ことの尊敬語としても使われている。敬語ながら、今ではからかい半分で使われることが多く、「今日は、相当に聞こし召されたようですね」などと用いる。

□のんびりする→なごむ

漢字で書けば「和む」で、気持ちがおだやかになる、心がのどかになるという意味。「子どもの笑顔に思わず心がなごむ」など。

□熱中する→ひたむき

「ひたむき」（直向き）は、一つの目的、物事に対して打ち込むさま。「ひたむきな態度」「ひたむきな努力」「ひたむきな情熱」など。「いちず」（一途）も同様に使える言葉。

□同情する→思いやる

「思いやる」は、親身になって考えること。「思いやりのある人」「思いやりの心」など。

□妥協する→折り合う

「折り合う」は、互いに譲り合って話がまとまること。「妥協する」と同じ意味なのだが、日本風の和の心を感じさせる言葉。

□**接待する↓もてなす**

「もてなす」は、心を込めて接客すること。「おもてなし」「丁重にもてなす」「心を込めてもてなす」などと使う。

□**承知する↓わきまえる**

「わきまえる」（弁える）は、物事の善悪を心得ていること。「礼儀をわきまえる」「場所柄をわきまえる」などと使う。

□**仲介する↓とりなす**

「とりなす」は、仲直りさせる、雰囲気をとりつくろうという意味。「両者の関係をとりなす」「座をとりなす」など。漢字では「執り成す」、あるいは「取り成す」と書く。

□**祝う↓言祝《ことほ》ぐ、寿《ことほ》ぐ**

「言祝ぐ」は、もとは、祝いの言葉を述べること。今は、単に「祝う」という意味でも使われている。「新春を言祝ぐ」など。「寿ぐ」とも書く。

□**いいかげんにする↓おろそかにする**
「おろそかにする」（疎か）は、物事をいいかげんにすませること。「仕事をおろそかにする」が定番の使い方。

◉形容する言葉を優雅な言い方にできますか①

□**かすかにある↓そこはかとない**
「そこはかとない」は、辞書的にいうと、「何となく、あることが感じられるさま」。つまりは「かすかにある」という意味で、「そこはかとなく漂う香り」などと使う。

□**いっそう↓ひとしお**
「ひとしお」は、程度がいっそう増すさま。「喜びもひとしお」「感慨もひとしお」「懐かしさもひとしお」などと使う。漢字では「一入」と書く。

□**もっぱら↓ひとえに**
「もっぱら」は、「ひとえに」（偏に）に言い換えられる。「ひとえに○○さんのおかげです」「ひとえに感謝いたします」「ひとえにお詫び申し上げます」など。

□普通ではない↓ひとかたならぬ

「ひとかたならぬ」（一方ならぬ）は、ひととおりではない、普通ではないという意味。「ひとかたならぬご配慮を賜り」が定番の使い方。

□少しも↓露《つゆ》とも

「露とも」は打ち消しの言葉を伴って、「少しも〜ではない」という意味をつくる副詞。「露とも存じませんでした」「露とも疑いませんでした」など。

□いつまでも↓幾久しく

「幾久しく」は、いつまでも、末永くという意味。「幾久しくお幸せに」は、結婚披露宴で新郎新婦にかける定番フレーズ。

□きりっとしている↓りりしい

「りりしい」（凛々しい）は、きりっとして引き締まっているさま。「りりしい表情」「りりしい目元」などと使う。なお、「勇ましい」という意味を含むので、男性に対して使うとしっくりくる形容詞。「りりしい姿の若武者」など。

□弾力がある↓しなやか

「しなやか」は、弾力があって、よくしなうさま。「しなやかな指」「しなやかな身のこなし」などが本来の使い方だが、現代では意味が広がり、「しなやかな発想」「しなやかな生き方」などと、「柔軟」の言い換えに使える言葉になっている。

□控えめ↓しおらしい

「しおらしい」は、慎み深く、どことなく可愛げなさま。「しおらしく振る舞う」など。「今日は妙にしおらしいね」などと、相手をからかうときに使うこともある。

□失礼ながら↓おそれながら

「おそれながら」は、「恐縮ですが」「おそれおおいことですが」という意味。「おそれながら申し上げます」は、目上に意見をいうときに使う前置き。

□すごく、超↓いたく

何でも「すごく」と形容するのは、語彙力不足の見本。まして、「超」は大人相手の会話には使えない言葉。ともに、ときには「いたく」と言い換えたい。漢字では「甚く」と書いて、「甚だしい」という意味。「いたく感激する」「いたく悲しむ」など、〝感情関係〟で使うと、最もしっくりくる。

◉形容する言葉を優雅な言い方にできますか②

□そのうえ↓あまつさえ

「あまつさえ」は、漢字では「剰え」と書き、「そのうえに」という意味。実際には「さらに悪いことには」という意味で、悪いことが続けて起こるとき専用に使われている。「風が吹き荒れ、あまつさえ雨まで降りはじめた」のように。

□仮に↓よしんば

「よしんば負けたとしても」「よしんば間違っていたとしても」のように使い、ネガティブな仮定専用の言葉。「かりにそうであっても、○○する」という決意表明の形で使われることが多い。漢字では「縦んば」と書く。

□結局は↓つまるところ

「結局は」と同様、「つまるところ」に続くのはネガティブな言葉。「つまるところは力不足」「つまるところ、無理ということですね」などと使う。

□適切に↓いみじくも

「いみじくも」は、古語「いみじ」の連用形に助詞の「も」がついた形。「いみじ」はすばらしいという意味で、「いみじくも」はまことに適切に、という意味。現代では「いみじくも、おっしゃったように」の形でよく使われ、これは「まことに適切に表現されたように」という意味で、相手の発言を持ち上げる言葉。

□無益に↓いたずらに

「いたずらに」は、漢字では「徒に」と書き、むだに、意味もなく、という意味。現代では、「いたずらに歳を重ねる」「いたずらに時を費やす」「いたずらに犠牲を増やす」などが定番の使い方。

□ますます↓いやがうえにも

「いやがうえにも」は、いよいよ、ますます、という意味で、「いやがうえにも興奮が高まる」「いやがうえにも気勢が上がる」などと使う。漢字では「弥が上にも」と書く。

□思いがけなく↓たまさか

「たまさか」は、漢字では偶然の「偶」を使って、「偶さか」と書く。思いがけないさま、めったにないことを意味する。「たまさか、会えたからよかったけれど」など。

□ゆっくり↓ごゆるりと

「ゆるり」は、ゆっくりの古風な言い方。今は「ごゆるりとお過ごしください」「ごゆるりとお寛《くつろ》ぎください」という形で使うことが多い。

□残らず↓余すところなく

「余すところなく」は、残らずすべて、という意味で、「実力を余すところなく発揮する」などと使う。なお、口語では「余すことなく」も使われるが、大半の辞書は「余すところなく」を見出し語にしている。

□**意に反して→心ならずも**

「不本意ながら」や「しかたなく」「やむをえず」も、「心ならずも」に言い換えることができる。「心ならずも、計画を断念する」「心ならずも、承服する」など。

□**別れる寸前→秋風が吹く**

「秋風が吹く」は、秋と飽きをかけた言葉で、男女の愛情が冷めることをいう。「秋風が立つ」も同じ意味。

□**最高→何にもまして**

「何にもまして」は、ほかの何事よりも上、という意味。使うなら、「なんにもまして」ではなく、「なににもまして」と発音したい。「何にもまして、人命が大事だ」など。

□**降ったりやんだり→降りみ降らずみ**

「降りみ降らずみ」の「み」は、動詞などについて、二つの状態が交互に現れることを意味する接尾語。「降りみ降らずみの空模様」など。

□**惜しいことには→惜しむらくは**
ともに「残念なことには」という意味。「惜しむらくは」のほうが、文語的な分、格調高く聞こえる。「恨むらくは」という言葉もある。

□**意外に→思いの外《ほか》**
「思いの外」は「案外」という意味。「思いの外、すんなり事が進みました」など。また、「思いがけず」や「思いもよらず」とも言い換えられる。

◉ネガティブなことだからこそ〝上品〟に言い換える

□**ぐずぐずしている→煮えきらない**
「煮えきらない」は、態度や考えがはっきりしないさま。「煮えきらない返事」「煮えきらない人」などと使う。

□**姿や態度が乱れている↓あられもない**
「あられもない」は、姿や態度がその場にふさわしくない状態のことで、おもに女性の姿や態度に対して使う。「しどけない」も同様の意味で、こちらもおもに女性に対して使う言葉。

□**不確かで疑わしい↓おぼつかない**
「おぼつかない」は、物事がうまくいくかどうか、不確かなさま。「成功はおぼつかない」など。なお、「おぼつく」という動詞はないので、「おぼつかぬ」や「おぼつきません」というのは誤用になる。

□**理由がない↓よしない**
「よしない」は、漢字では「由無い」と書き、理由がない、そうするいわれがないという意味。「よしない話」など。

□**やかましい↓かまびすしい**
「喧しい」は、「やかましい」とも「かまびすしい」とも読む。意味はほぼ同じだが、後者のほうが、やや格調高く聞こえる。「かまびすしい蝉の声」など。

□大げさ↓仰々しい

「仰々しい」は、物事を立派に思わせようとするさま。「いうことがいちいち仰々しい」「仰々しい身振り」など。

□寝姿がだらしない↓いぎたない

「いぎたない」の「い」は眠りという意味。「いじきたない」（意地汚い）とは違う言葉なので、混同しないように。

□馬鹿馬鹿しい↓片腹痛い

「片腹痛い」は、滑稽であること。なお、「片腹痛い」と書くのは、片方の脇腹が痛くなるからではなく、「傍ら痛し」を書き誤ったことからの当て字。

□でしゃばった↓さしでがましい

「さしでがましい」は、でしゃばったさま、よけいなことをするさま。「さしでがましいようですが、ひと言いわせてください」など。

□**つらい↓やるせない**

「やるせない」（遣る瀬ない）は、思いを晴らすことができず、せつない、という意味。「やるせない思い」など。なお、「やるせない」が定型の形容詞であり、「やるせぬ」という言葉はない。

□**愛想がない↓にべもない**

「にべもない」は、そっけがないこと。「にべもなく断られてしまったよ」が定番の使い方。

□**十分ではない↓及ばずながら**

「及ばずながら」は、行き届かないが、という意味で、人の手助けをするようなときに、自分の能力を謙遜していう言葉。「及ばずながら、今回、お手伝いさせていただきます」など。

◉丁寧な言葉を、さらに品よく言い換える

□おいくら↓いかほど

物の値段を尋ねるときは、「おいくらですか」と聞くよりも、「いかほどですか」と尋ねるほうが、品がよくなる。

□お愛想↓お勘定

飲食店で会計を頼むときに使う「お愛想する」は、もとは店側の隠語であり、お客が使う言葉ではない。普通に「お勘定をお願いします」といったほうがいい。

□〜にいただきまして↓〜にあずかりまして

目上の恩恵を受けたときに使える。「ごひいきにあずかりまして」など。

□知りません↓存じません

「知りません」は、あらたまった場では使えない言葉。「知る」の謙譲語の「存じる」を

使い、「寡聞にして存じません」などというと、大人の物言いになる。

□お受け取り↓お納め

「お受け取りください」は、こなれた敬語とはいえない。「お納めください」という言い方を知っておきたい。「どうぞ、お納めください」など。

◉「自分」と「他人」をいつもと違う表現にするコツ

□わたし↓わたくし

ふだんは「わたし」でも、ビジネスでは「わたくし」を使うのが大人の常識。「ぼく」は、もちろんNG。

□きみ、あなた↓あなた様、そちら様

「きみ」や「あなた」は「君」「貴方」と書くくらいだから、もとは尊称であった。ところが、時代を経るにつれて敬意が薄まり、今は面と向かってそう呼ぶと、失礼になる場合もある。大人の会話では、「あなた様」「そちら様」など、「様」が必要な言葉になっている。

□奥さん↓奥様

今では「奥さん」という言葉では敬意を表せなくなっている。現代の語感では「様」に言い換えることが必要。

□みなさん↓皆様、皆々様

これも、現代の語感では、「様」を使う必要がある言葉。ほかに、「ご一同様」「ご一行様」という言い方もある。

□親↓ご両親、お父様、お母様

相手の親は「ご両親」、父や母は、「お父様」や「お母様」など、「お〜様」の形にする。文章では、「お父上」「お母上」も使える。

□同行者↓お連れ様

「お連れ様」は、相手の同伴者に対する尊称。とりわけ、男女二人連れが「夫婦」かどうかわからない場合には、こう表現しておくと無難。

□あなたの会社↓御社

「貴社」という言葉があるが、これは文章専用と心得、会話では「御社」を使ったほうがいい。「きしゃ」は同音の熟語がひじょうに多く、口語では誤解されやすいため。なお、相手の会社が銀行なら「御行」か「貴行」、店舗の場合は「貴店」になる。

◉「時間」に関する言葉の〝洗練度〟を上げるには？①

□夜↓夜分

夜、相手の携帯や自宅に電話を入れるときは、こう切り出したいもの。「夜にすみません」ではなく、「夜分恐れ入ります」と告げてから、用件に入るのが大人の常識。

□休日に↓お休みのところ

休日に、相手の携帯や自宅へ電話するときの言葉。「お休みのところ、誠に恐れ入ります」などと、休日に電話をかけて申し訳ないという気持ちを表す。

□これから↓今後

あらたまった会話、ビジネス関係の会話には、「今後」がよく似合う。「今後とも、よろしくお願いいします」「今後の展開については、次回のミーティングで」のように。

□あのとき、先頃↓先般

「先般」は、「あのとき」や「先頃」よりも、大人度が高い言い方。「先般来、議題に上っております○○につきまして」「先般お申し越しの件」など。

□以前↓その節《せつ》

「節」は多義的に使われる言葉で、時間に関しては「頃」や「折」と同様に使われる。「その節」は「以前」という意味で、「その節はお世話になりました」など、知り合いと再会したときによく使われている。

□前から↓かねがね

「お噂は前から伺っていました」というよりも、「お噂はかねがね伺っておりました」というほうが、大人度は高い。なお、「かねがね」は漢字では「予予」と書く。

□きのう↓昨日《さくじつ》

あらたまった会話やメールでは、「きのう」を「昨日」に言い換えたほうがいい。同様に、「あした」は「明日《あす》」、「おととい」は「一昨日《いっさくじつ》」、「あさって」は「明後日」、「明日の朝」は「明朝」、「明日の夜」は「明晩」に言い換える。大人度が上がるだけでなく、字数が減る分、簡潔な物言い、メールになる。

□朝イチ↓朝の△時まで

「朝イチ」や「午後イチ」では、厳密に何時を意味するのか、わからない。ビジネスでは「午前△時までに」と時間を明示するのが常識。

□昨年中↓旧年中

「旧年中はお世話になりました」は、年賀状（年賀メール）の定番句。「去年」は「去る」につながる忌み言葉なので、新年早々からは使わないのが、年賀状の常識。

□いつか↓いずれ

副詞は、文語的な言葉のほうが上品に聞こえるもの。これはその一例で、「いつか改めて伺います」というより、「いずれ改めて伺います」というほうが品よく聞こえる。

□そのうちに↓早晩、近々

「そのうちに」というと、無責任に響くので、「早晩」か「近々」に言い換える。「早晩、実現いたします」「近々、問題化するのではないかと」など。「遅かれ早かれ」も、「早晩」や「近々」に言い換えられる。なお、「近々」は、「ちかぢか」とも「きんきん」とも読むが、近頃は「きんきん」と発音することが増えている。

□あとで↓後ほど、追って

「あとで、ご回答します」はミスマッチで、「後ほど、ご回答します」と言い換えたほうがいい。あるいは「追って」を使って、「追って、ご回答します」といってもよい。

□こんど↓このたび、今般

重要イベントなどには、「このたび」「今般」のほうがよく似合う。たとえば、「こんどの株主総会では」は「このたびの株主総会では」、「こんどの総選挙では」は「今般の総選挙では」のように。

◉「時間」に関する言葉の〝洗練度〟を上げるには？ 2

□今さっき、ついさっき、たった今→今しがた

「今さっき」「ついさっき」や「たった今」は、「今しがた」に言い換えると、大人度が上がる。たとえば、「今さっき、帰られたところです」は、「今しがた、帰られたところです」というと、フレーズ全体がこなれた敬語になる。

□今のところ→さしあたり

「さしあたり」（差し当たり）は、「当面」という意味。「さしあたり、必要なものを揃えておきます」などと使う。「さしあたって」も同様に使える。

□すぐに→ただちに

決意表明や謝罪のフレーズでは、「すぐに」よりも「ただちに」を使ったほうがしっく

りくる。「ただちに取り組みます」や「ただちに改めます」のように。

□まもなく↓ほどなく

「ほどなく」は、「まもなく」よりも、やや格調が高く聞こえる言葉。「ほどなく、実現するだろう」「ほどなく、現れるでしょう」などと使う。

□ひさしぶり↓ひさかたぶり

「ひさしぶりにお目にかかる」を「ひさかたぶりにお目にかかる」と言い換えると、これた敬語になる。なお、「ひさしぶり」「ひさかたぶり」はいずれも、悪いことが起きたときには使わない言葉で、「ひさしぶりの大事故」や「ひさかたぶりの赤字」などはNG。

□ちょうどその時↓折しも、折から、折も折

「折しも」の「し」は強調の助詞で、「折しも強風が吹き荒れた」などと使う。「折から」や「折も折」も同様に使える。「折からの雨」「折も折、雨が降り始めた」など。

□前から→前もって、あらかじめ

「前から調べておきました」では、子どもが先生に報告するよう。大人なら「前もって調べておきました」と伝えたい。「あらかじめ」を使って、「あらかじめ調べておきました」も、大人度が高い表現。

□ちょっとの間→ひとしきり

「ひとしきり」(一頻り)は、しばらくの間、盛んに続くことを形容する言葉。「ひとしきり世間を騒がせる」「ひとしきり、にわか雨が降る」「蝉がひとしきり鳴く」など。

◉よく使う言葉を一つひとつ見直してみよう①

□ときたま、ときどき、ときおり→時として

「ときたま」「ときどき」や「ときおり」は、「時として」に言い換えられる。とりわけ、教訓や警句めいた言い回しには、「時として」がよく似合う。「人は時として誤るものです」というと、「人はときどき誤るものです」というよりも、教訓めいて聞こえるもの。

□どれほど↓いかほど、いかばかり

たとえば、「どれほど、お喜びのことか」というよりも、「いかほど、お喜びのことか」といったほうが、大人度が高くなる。あるいは「いかばかり、お喜びのことでしょう」とも言い換えられる。

□たまに↓まれに

「たまに」（偶に）は、起こる回数がひじょうに少ないさま。語感が軽い言葉なので、「まれに」と言い換えたほうが大人度は高くなる。「近年、まれにみる好青年」など。

□また↓ならびに、および、かつ

文章を書くとき、並列の接続詞は、すべて「また」を使う人がいるもの。同一文章の中で、同じ接続詞が並ぶと、語彙力の乏しい下手な文章にみえるもの。「ならびに」「および」や「かつ」への言い換えを考えたい。

□そして↓次に、次いで、それから、そのうえに

同じ文の中で、「そして」という接続詞を多用すると、てきめん小学生の作文のようになってしまう。「そして」を2度以上使っているときは、「次に」「次いで」「それから」や「そのうえに」などへの言い換えを試みたい。

□しかし↓だが、けれども、しかしながら、とはいえ

文章を書くとき、逆接の接続詞は、すべて「しかし」を使う人がいるもの。「だが」や「けれども」のほか、「しかしながら」や「とはいえ」などへの言い換えを考えたい。

□とか↓やら、や

「とか」は「○○とか△△」のように、並列を表す助詞。もともと、幼稚な語感があるうえ、若者言葉として並列を示さない場合にも使われるようになって、いよいよ幼稚さが増している。「やら」や「や」を使うほうが大人度は高まる。

□〜のせいで↓〜のおかげで

「〜のせいで」は、「台風のせいで」など、ネガティブな因果関係を表す言葉。「○○さんのせいで助かりました」というような使い方には、違和感を覚える人が多い。とりわけ、大人社会では「○○さんのおかげで」のように、「おかげで」を使ったほうが人間

関係が円滑になるという効果もあるもの。

□**まるで、ちょうど↓あたかも**

「あたかも」は文末を「〜のようだ」などで締めて、よく似ているさまを表す言葉。「あたかも昨日のことのようだ」など。文語的である分、「まるで」や「ちょうど」よりも、格調が高くなる。

□**必ずしも↓あながち**

「あながち」は、打ち消しの言葉を伴って、「必ずしも〜というわけではない」という意味をつくる。「あながち間違いではない」など。

◉よく使う言葉を一つひとつ見直してみよう②

□**まさか↓よもや**

「よもや」は、打ち消しの語を伴って、「まさか〜しまい」という意味をつくる言葉。「よもや負けることはあるまい」「よもや裏切ることはあるまい」などと使う。これも文語的である分、「まさか」よりも大人っぽく響く言葉。

□いつも→つねづね、常日頃、平生

「いつも」は、「つねづね」「常日頃」「平生」などに言い換えられる。「つねづね言い聞かせている」「常日頃の教え」「平生と変わらない」など、連関する言葉に応じて、最適な表現を探したい。

□もちろん、いうまでもなく→もとより

「もとより」は、「もちろん」や「いうまでもなく」の言い換えに使える言葉。漢字では「元より」「素より」と書き、本来は「初めから」という意味。

□これっぽっち→これきり、こればかり

「ぽっち」は、「これ」などの指示代名詞について、少量であるという意味をつくる接尾語。俗語的かつ幼稚なので、「これきり」や「こればかり」に言い換えるとよい。また、「ぽっち」が数字につく場合には、「程度」に言い換えられる。「100円ぽっち」は「100円程度」という具合。

□いまいち→今ひとつ

「いまいち」は俗語的な言葉であり、少なくとも文章では「今ひとつ」を使いたい。「今ひとつ、納得できないのですが」など。

□とにかく→ともあれ

これも、副詞は、文語的な言葉のほうが格調高く聞こえるパターン。「成績はとにかく～」というよりも、「成績はともあれ～」といったほうが大人度が高くなる。

□なにしろ→何分にも

たとえば、「なにしろ、急なことでございまして」というのは、いささかミスマッチ。「何分にも、急なことでございまして」と言い換えるとよい。「とにかく」や「なんといっても」も、「何分にも」に言い換えられる。

□なんとか→かろうじて

「かろうじて」(辛うじて)は、「辛くして」が音変化した言葉で、意味は、やっとのことで。

「なんとか間に合う」は「かろうじて間に合う」としたほうが、大人っぽく聞こえる。

◉よく使う言葉を一つひとつ見直してみよう③

□できるだけ→できる限り

たとえば、「できるだけのことはいたします」はミスマッチなうえ、無責任にも聞こえるフレーズ。「できる限りのことはいたします」というと、大人の言葉になる。また、「できるだけ」は、「精一杯」や「力の限り」にも言い換えられる。

□がてら→かたがた

「がてら」は、名詞などにつくが、上品な言葉とはいえない。「お見舞いがてら、お訪ねする」は、「お見舞いかたがた、お訪ねする」と言い換えたほうが品がよくなる。

□なまじっか→なまじ

「なまじっか」は、「なまじ」の口語的かつ俗語的な表現。「なまじ」のほうが、まだしも品がある。「なまじ、自信があるばかりに」など。

□何ぼ何でも↓余りと言えば余り、ほどがある

「何ぼ」（なんぼ）は、「何ほど」の転とみられる。このような音変化した言葉は軽く聞こえるので、「余りと言えば余り」や「ほどがある」に言い換えるとよい。

□何やかやと、あれこれと↓何くれとなく

「何やかやと」や「あれこれと」は、「何くれとなく」に言い換えられる。「何くれとなく面倒をみる」など。

□だんだんに↓徐々に、次第に

副詞の「だんだんに」は漢字では「段々に」と書くが、ひらがなで書くことが多くなったこともあって、やや幼稚な印象の言葉になっている。「徐々に」や「次第に」に言い換えたほうが、大人度は高くなる。

□だいたい↓おおむね、おおよそ

漢字では「大体」と書くが、これもひらがなで書くことが多くなった分、俗語臭が高まっている。「だいたい見当がつく」は、「おおよそ見当がつく」と言い換えたほうが、大人っぽく聞こえる。

□あっという間に→瞬《また》く間に

「あっという間に」は、文字どおり「あっ」と驚く間にという意味。俗語的であり、「瞬く間に」（目ばたきする間にという意）と言い換えたほうが、格調が高くなる。

□やたら→むやみに

「やたら」は俗語的な言葉であり、「むやみに」に言い換えたほうが、大人度は高くなる。たとえば「やたらなことはいえない」は「むやみなことはいえない」に言い換える。

□やっぱり→やはり、結局は

スポーツ選手がインタビューで「やっぱり」を連発するのを耳にすると、語彙の乏しさを感じるもの。「やっぱり」は「やはり」が音変化した言葉であり、「やはり」のほうが大人度は高い。また、「結局は」「同様に」「思ったとおり」にも言い換えられるはず。

□ちょっぴり、ちょっと、ちょいと↓少々、いささか

「ちょっぴり」は、少ないさまを表す副詞だが、幼稚かつ俗語的。「ちょっと」や「ちょいと」とともに、「少々」や「いささか」に言い換えたほうがいい。

□（座布団を）お使いください↓お当てください

和室で座布団をすすめるときには、「お当てください」という動詞を使うのが、昔からのお約束。

2　大人の人間関係に欠かせない「婉曲」に言い換える技術

◉表現をやわらかくするには「不」「無」「非」を使う

□反対↓不賛成

ストレートな否定語を使うと、角が立ち、無用の摩擦を生むもの。そこで、大人社会では「不」や「無」のつく熟語を使って、婉曲に表現することが多くなる。これは、その代表例。「反対」とはっきりいうと反発を買いやすいため、「不賛成」とわざと回りくどく表現する。「同意を得られませんでした」「不承知のようでした」も、「反対」という言葉を避けて婉曲に表現するためのフレーズ。

□ダメ↓不適当

相手の意見やアイデアを全面否定すると、敵に回しかねない。「ダメ！」といいたいところでも、「不適当と思えるのですが」くらいにとどめるのが大人の物言い。「不都合」や「不向き」と言い換えられるケースもある。

□無能↓非力

「無能」は、能力が低く、役に立たないことであり、人に対して使うのはむろんのこと、自分に関して使うにも否定の意味合いが強すぎる。自嘲する場合も、「無能を思い知らされる」ではなく、「非力を思い知らされる」というのが普通。

□怪しい↓不可解

「怪しい」を使うと、信用がおけないと批判することになる。そこで、たとえば「怪しい点が多い」は、「不可解な点が多い」と言い換えて婉曲に表現したい。

□失敗↓不首尾、不成功

人の「失敗」は、「不首尾」や「不成功」に言い換えるのが大人の物言い。「A社との交渉、不首尾に終わったそうですね」など。「不始末」や「不手際」にも言い換えられる。「このたびの不始末に関しましては」など。

□軽率→不用意

「軽率」という言葉を使うと、強めの批判や悪口に聞こえる。そこで「不」を使って婉曲化し、「不用意」と言い換えたほうがいい。「不用意な発言」「不用意な行動」など。

□野暮ったい→無粋

相手に使うにしても自分に使うにしても、「野暮ったい」よりは「無粋」といったほうが、大人度は高い。「無粋な話ですな」「無粋ですみません」など。「無風流」や「無骨」に言い換えられる場合もある。

□中途半端→不徹底

たとえば、「指示が中途半端でした」というのは、謝罪の言葉としては格調が低い。「指示が不徹底でした」と言い換えれば、謝罪の言葉として多少は重々しく聞こえる。

□配慮不足→不行き届き

「不行き届き」は、配慮不足や不注意を詫びるときの言葉。「監督不行き届きで、申し訳ありません」など。

□知らない↓不案内

「不案内」は、よく知らないという意味。「このあたりは不案内なものですから」など。

□見てくれが悪い↓体裁が悪い、不体裁

「見てくれが悪い」は、「見た目が悪い」以上に俗語的な言葉。「体裁が悪い」と言い換えると、多少は品がよくなる。さらに、「不」を使って「不体裁」と婉曲化することもできる。

◉角が立たないように言い換えるときのチェックポイント

□損害↓不利益

「損害」は、ビジネスでは、最もネガティブといえる言葉。そこで、日本の仕事社会では「不利益」に言い換え、「不利益をこうむる」「不利益が生じたときには」などと使われている。また、金銭的な「損失」は「赤字」と言い換えたほうが、深刻なニュアンスが消える。「損害が出ましてね」は「赤字が出ましてね」のように。

□無駄骨→徒労

「無駄骨」の骨は「骨折り」を略した言葉。「徒労」と言い換えたほうが大人度は高くなる。たとえば「無駄骨でした」は「徒労でした」のように。「くたびれ儲け」も、同様に言い換えられる。

□間違い、誤り、ミス→行き違い

「間違い」「誤り」「ミス」といった言葉を使うと、相手の責任を追及するニュアンスが生じるもの。「行き違い」を選ぶと、原因はコミュニケーションのミスであり、相手を責めるニュアンスを薄められる。たとえば、「今回の失敗の原因は」は「今回の行き違いの原因は」と言い換える。

□焼き直し→翻案、改作

「焼き直し」は、既存の作品に手を加えて、新しい作品に仕立てることで、「焼き直しじゃないか」などと、批判的に使うことが多い。批判する意図がない場合には、「翻案」

や「改作」に言い換えるとよい。

□**不信感↓怪訝《けげん》な思い**

相手の言動が信用できないときでも、「不信感を抱かざるをえません」というと、かなり険悪なムードになるだろう。「いささか、怪訝な思いがしております」と、やんわり指摘するのが大人の物言い。

□**安物↓お値打ち品、掘り出し物**

「安物」というと、値段が安い分、品質やグレードも低いという意味が含まれる。それを「お値打ち品」や「掘り出し物」に言い換えると、値段のわりにはよい商品という意味になる。

◉品のない言い方を、婉曲化してみよう①

□**情けない↓嘆かわしい**

相手を批判・否定するときでも、大人なら否定度の低い形容詞を選びたい。「情けない」

は否定度の高い形容詞なので、否定レベルがやや低く、言葉としても品のある「嘆かわしい」を選びたい。

□**愚にもつかない↓考えが足りない**

「愚劣」「愚鈍」「愚の骨頂」など、「愚」のつく言葉を人に対して使うのは、さすがに失礼。「愚にもつかないアイデア」といいたいところでも、「いささか考えが足りないアイデア」程度にとどめるのが、大人の物言い。

□**ちゃんちゃらおかしい↓笑止千万**

「ちゃんちゃらおかしい」は、俗語にすぎるので、「笑止千万」に言い換えるとよいだろう。「噴飯物」（口にした米を噴き出すほどに片腹痛いという意味）という言葉も知っておきたい。

□**図々しい↓臆面もない**

「臆面」は、気後れした顔つきのこと。それが「ない」のだから、「臆面もない」は遠慮なく図々しいという意味になる。「厚かましい」や「ふてぶてしい」も、「臆面もない」

に言い換えることができる。

□汚らしい↓清潔ではない

「汚らしい」は、語感がいかにも不潔。「汚れている」のほうがまだマシだが、「汚い」を含む言葉は避けて、「清潔ではない」に言い換えたほうが、日本語としては〝清潔〟。「薄汚い」や「小汚い」も、同様に言い換えられる。

□仲が悪い↓確執、反目、不和

「仲が悪い」を大人語に言い換えると、「確執がある」「反目している」「不和な状態にある」などと表現できる。

□みっともない、醜い↓見苦しい

「みっともない態度」や「みっともない真似」は、「見苦しい態度」や「見苦しい真似」と言い換えたほうが、大人度が高くなる。「醜い」も「見苦しい」に言い換えたほうがいい。

□面倒くさい↓わずらわしい

「わずらわしい」（煩わしい）は、悩まされることが多く、気が重いさま。「面倒くさい」は、おおむねこの言葉に言い換えられる。熟語の「煩雑」に言い換えられる場合もある。

□田舎臭い↓ローカルな、垢抜けない

「田舎」を使って、「田舎臭い」「田舎じみた」「田舎っぽい」というのは、かなり失礼な物言い。英語の「ローカル」に言い換えると、ネガティブなニュアンスを薄めることができる。あるいは、「垢抜けない」と言い換えるのも無難な表現。

□いいかげん↓なおざり

「なおざり」（等閑）は、いいかげんなさま、本気でないさま。さらに、同様の意味の「おろそかにする」や「ゆるがせにする」を使いこなせると、語彙が豊かにみえるもの。

□まだろっこしい↓歯がゆい

「歯がゆい」は、思いどおりにならなくて、もどかしいさま。「まだろっこしい」は相手のとろさへの非難を含むが、「歯がゆい」は自分の感情の状態を中心におく言葉なので、

非難のニュアンスは薄まる。「じれったい」も、「歯がゆい」に言い換えられる。

◉品のない言い方を、婉曲化してみよう②

□せわしない↓慌ただしい

ともに、用事が多く、落ちつかないさまを表す形容詞だが、「毎日せわしなく過ごしております」というよりは、「毎日慌ただしく過ごしております」といったほうが、多少は品がよくなる。

□いかがわしい、うさんくさい↓疑わしい、訝《いぶか》しい

「いかがわしい」や「うさんくさい」は、否定の度合いが強すぎて、言い過ぎになりがちな形容詞。「疑わしい」や「訝しい」といった軽度の否定でも、いいたいことは伝わるもの。

□癪にさわる↓腹立たしい、苦々しい

「癪にさわる」は感情的な表現であり、精神の幼稚さを感じさせる。「腹立たしい」「苦々しい」などに言い換えると、「ふだんは冷静な大人が怒るほどの」というニュアンスを含めることができる。

□長たらしい↓長々しい

「長たらしい」は、「たら」の部分がいかにも俗語的。「長々しい話」に言い換えると、大人度がアップする。「冗長」や「冗漫」といった熟語に置き換える手もある。

□どす黒い↓浅黒い

「どす黒い」は濁った黒を表し、嫌悪感を含む表現。一方、「浅黒い」は茶色がかった黒のことで、「浅黒い肌」や「浅黒く精悍な顔」など、ポジティブな表現をつくる形容詞。

□大雑把↓大まか

「大まか」は、細かい点にこだわることなく、物事の大勢をとらえているというニュアンス。一方、「大雑把」には、大勢をとらえているという意味合いはない。たとえば、プレゼンテーションでは、「大まかに申し上げますと」とはいえるが、「大雑把に申し上げますと」というと、いいかげんな印象を与えることになる。

□立ちっぱなし↓立ちづめ、立ちどおし

「〜ぱなし」より「〜づめ」や「どおし」のほうが、多少は品がいい。ほかに、「歩きっぱなし」は「歩きづめ」、「しゃべりっぱなし」は「しゃべりどおし」に言い換え可能。

□とんでもない↓以《もっ》ての外《ほか》

「以ての外」は、常識にはずれたことを意味する大人語。「とんでもない事態です」は「以ての外の事態です」に言い換えることができる。

□若い↓若々しい

単に「若い」というと、未熟というニュアンスを含むことがあるが、「若々しい」というと、ネガティブな意味合いは消える。たとえば、「考えが若い」は「考え方が若々しい」と言い換えると、ほめ言葉になる。

□しかたない↓是非もない

織田信長はよく「是非におよばず」と口にしたというが、これを現代語に言い換えると

「是非もない」になる。当否を論じるまでもなく、「しかたない」という意味。また、「しかたない」は、「余儀ない」にも言い換えられる。「余儀ない話」など。

◉あらたまった席では使えない俗語的な言葉

□生っちょろい↓生温《なまぬる》い

「生っちょろい」は、「生温い」「手温《てぬる》い」「厳しさが足りない」「徹底していない」などに言い換えられる。「甘っちょろい」も同様に言い換えられる。

□ひょろ長い↓細長い

「ひょろ長い」というと、細長いうえ、弱々しくて頼りにならないという意味になる。単に「細長い」というと、否定的なニュアンスは消え、客観的な形容になる。

□けったくそが悪い↓腹立たしい、いまいましい

「けったくそ」は、漢字では「卦体糞」と書く。「卦体」は易に現れるかたちのことで、占いの結果を意味する。それがよくないので、「腹立たしい」や「いまいましい」という意味になった。

□妙ちきりん↓妙な

「妙ちきりん」の「りん」は、語調をよくするために添える接尾語で、意味はない。また「へんてこりん」や「へんちくりん」は、単に「変な」に言い換えるとよい。

□どっこいどっこい↓互角

「どっこいどっこい」は、力量が同じくらいで、優劣がつけにくいさま。「実力はどっこいどっこい」などと使うが、「低いレベルで互角」という意味合いがある。その点では、「どんぐりの背比べ」とよく似ている。

Step3

できるビジネスパーソンは、その時、こう言い換える

1 仕事の日本語に自信がもてる〝特効薬〟

◉大人のビジネスメールを書くための言い換え

□もらいました↓拝受いたしました

「メール、拝受いたしました」は、メール時代になってからの定番表現。「拝受」は受け取ることの謙譲語であり、むろん紙の資料など、メール以外のものを受け取るときにも使える。

□受け取ってください↓ご笑納くだされば幸いです

「受け取ってください」を単純に敬語化すると、「どうぞ、お受け取りください」。さらに敬う度合いを高めると、「ご笑納くだされば幸いです」となる。

□見てください↓ご高覧ください

「高覧」は「見る」の尊敬語で、「ご高覧ください」は、書類や添付資料などを読んでもらいたいときに使う言葉。「ご笑覧ください」という言い方もある。

□問い合わせます↓ご照会いたします

「照会する」のような、熟語に「する」をつけて動詞化した言葉を「サ変動詞」と呼ぶ。こうした動詞は、「ご＋いたします」の形にすると、多くの場合、謙譲語になる。「在庫について、ご照会いたします」など。

□連絡してください↓ご一報賜りたく存じます

「賜る」「存ずる」はともに謙譲語で、相手への敬意を表す。これらの語を使うと、「連絡してください」や「ご連絡ください」よりも、格段に丁重になる。「ご一報賜れば幸いです」という言い方もある。

□考えてもらえませんか↓ご一考いただければ幸いです

ビジネスメールには、「考えてもらえませんか」よりも、「ご一考いただければ幸いです」や「ご一考いただけませんか」のほうが、ふさわしい。

□さま↓様

メールで「○○さま」と、「さま」をひらがなで書く人がいるが、これはNG。「どの」や「くん」をひらがなで書かないように、敬称は漢字で書くのが大人のルール。ひらがなで書くと、やわらかさを演出できるが、相手によっては、なれなれしいと感じる。

◉仕事で差がつくワンランク上の日本語

□お客↓お得意様

「お客様」よりも「お得意様」といったほうが、尊重する気持ちをより濃厚に表せる。「開店来のお得意様でございます」など。

□客種↓客筋、客層

「客種」は、お客を年齢や職業などで区別した種類のこと。「客種が悪い店」などと使うが、いささか品のない言葉なので、「客筋」や「客層」を使ったほうがいい。

□手紙↓封書

封筒入りの郵便物は、プライベートでは「手紙」、ビジネスでは「封書」と表現する。「封書にて、ご応募ください」など。

□案↓叩き台

「叩き台」は、検討して改良するための最初の案。自分の「案」を「叩き台」と言い表すと、「私の案」というよりも、へりくだった気持ちを表せる。一方、目上の案を「先輩の案を叩き台にして」などというのはＮＧ。

□バランス↓兼ね合い

「兼ね合い」は、二つのものが釣り合うことで、「バランス」よりも大人度の高い言葉。「そのあたりの兼ね合いを勘案しつつ～」など。

□表沙汰↓表面化

「表沙汰になる」というと、悪事が露見したという意味になる。「表面化する」といったほうが、まだしも客観的で、ネガティブな意味合いを薄めることができる。

□トラブル↓ご難

普通、ネガティブなことには「ご」や「お」をつけないことが多いが、相手にふりかかった災難には「ご」をつける。「ここのところ、ご難続きでございましたね」など。

◉お金に関する話をスマートに表現するには?

□所持金↓持ち合わせ

「所持金」も下品な言葉ではないが、「持ち合わせ」のほうが、より大人度は高い。「あいにく持ち合わせがなくて」など。「有り金」も同様の意味ではあるが、品のない言い方なので、「有り金残らず取られた」とき以外は使わないこと。

□足代↓交通費、車代

「足代」は交通費を意味し、「足代がかかる」などと使う。ただし、品のいい言葉ではないので、自分の足代は「交通費」、人に交通費を渡すときは「お車代」と言い換えるとよい。

□チップ↓心付け

「チップ」というと、日本人にとっては、欧米の習慣に従って義務的に支払うものに思えるもの。一方、「心付け」というと、相手のサービスに対して、感謝の気持ちとともに渡すものというイメージになる。「運転手さんに、心付けを渡してくださいね」など。

□自腹、身銭↓ポケットマネー

「自腹を切る」は、切腹に由来し、語感のいい言葉とはいえない。ご馳走になったときは、たとえば「部長が自腹を切ったようですよ」というよりも、「部長がポケットマネーで払ってくれたようですよ」と言い換えたほうが品がある。「身銭」もポケットマネーに言い換えるとよい。

□札びら↓お札、紙幣

「札びら」は、紙幣の俗な言い方。「札びらを切る」（気前よく金を使う意）という慣用句もあるが、上品な言葉とはいえない。「お札」か「紙幣」に言い換えること。また、「カネ」という言葉自体、「現金」か「キャッシュ」に言い換えたほうがいい。

□金銭ずく↓計算ずく

「金銭ずく」という言葉を使うと、守銭奴のようなイメージが生じるので、「計算ずく」と言い換えたほうがいい。「算盤ずく」「勘定ずく」も、同様に置き換えられる。

□金繰り↓資金繰り

「金繰り」は、金のやりくりのことだが、「カネ」という音が生々しすぎて下品に響く。そこで、「金繰りがつかない」は「資金繰りがつかない」と言い換えるとよい。「やりくりがつかない」でもいい。

□借金↓借財

「借金がおありなようで」は、生々しすぎる言い方。「借財」を使って、「借財がおありなようで」といったほうが、生々しさは薄まる。

□商売っ気↓商魂

「商売っ気」は、俗語的すぎて、品のない言い方。そういうときは、「商売っ気が抜けない」は「商魂たくましい」と言い換えるとよい。「商魂」は、商売の利益を考える気構えのこと。

□棒引きにする↓帳消しにする

「棒引きにする」の語源は、棒線を引いて帳簿の記載を消すこと。そこから、金銭などの貸し借りをなくすことを意味する。「帳消しにする」のほうが、まだしも語感がよい。

◉「できる大人」はこんなふうに言い換える①

□妥協↓落としどころ

妥協というと、「不本意ながら」というネガティブなニュアンスが生じる。「落としどころ」に言い換えると、ネガティブさが消えるうえ、大人の知恵で協調するという意味になる。「歩み寄り」「譲り合い」と言い換えても同様の効果がある。

□反対↓見解の分かれるところ

相手の意見に異を唱えるときは、「そのあたりが見解の分かれるところですね」と切り出せばいい。ストレートに「反対」というよりも、冷静に考えているように聞こえるもの。

□**計画↓腹づもり**

「腹づもり」は、心中でおおよそのところを見積もること。仕事関係では、「計画」や「予定」の意味で使われている。「当方の腹づもりとしては〜」「どういう腹づもりなんですか」など。「心づもり」ともいう。

□**（広告の）影響↓効果**

基本的に、肯定的な結果が出たときには「効果」、否定的な結果が出たときには「影響」を使うのがふさわしい。たとえば、広告によって売り上げが伸びたときには「広告の効果」、事故によって客足が落ちたときには「事故の影響」というように。

□**野暮用↓はずせない用**

飲み会や会合への誘いを断るときには、親しい間柄なら「その日は野暮用があってね」と断ってもいい。一方、さほど親しくない相手や目上に対しては、「その日は、はずせない用がありまして」を使うといい。

□責任の一部→責任の一端

「責任の一端」は、謝罪用の言葉。「責任の一部を感じています」といえば無責任に聞こえるが、「責任の一端は私にもあると感じています」といえば、むしろ責任感があるように聞こえる。なお、このフレーズで認めているのは、あくまで「責任の一端」であり、全面的な責任を認めるわけではないという意を含ませることもできる。

□（数字を）切り捨てる→数字を丸める

仕事で「数字を丸める」といえば、多くの場合は四捨五入することではなく、端数を切り捨てること。たとえば、見積書を見たときに「これ、端数、丸められませんか」などと、端数分を値切るために使われている。

□もう一度来る→出直す

「出直す」は、会社などを訪問し、相手が不在のときに使う言葉。「あとでまた、出直して参ります」など。

□うっかり↓心得違いで

謝るとき、「うっかり」は禁句。〝うっかり〟を使うと、たちまち無責任な言い訳に聞こえ、相手をさらに怒らせることにもなりかねない。本当にうっかりミスであっても、「心得違いで」「不手際で」「私の至らなさ」などと言い換えながら、責任回避に聞こえないように謝るのが、大人の頭の下げ方。

□プライベート↓私事

「プライベートの話なんですが」は「私事で恐縮ですが」と言い換えると、大人度が高くなる。プライベートに関する話を始めるときの大人の常套句。

□～のようです↓～とのことです

仕事で報告・連絡するとき、「～のようです」と伝えると、伝聞情報にも、報告者の推量のようにも聞こえてしまう。相手の言葉、つまりは伝言であることを正確に伝えるためには、「～とのことです」を使うとよい。「先方としては、少々、時間をいただきたいとのことです」など。

□飲めない↓不調法

「不調法なものでして」は、酒を断るときの定番フレーズ。また、「不調法」は、芸事のたしなみがないという意味にも使える。「そちら方面は、まったくもって不調法でして」など。

◉「できる大人」はこんなふうに言い換える②

□ご面倒↓お骨折り

「ご面倒をおかけしまして」よりも、「お骨折りいただきまして」というほうが、謙譲の度合いが強まり、感謝のレベルは高くなる。

□アドバイス↓ご助言

人からアドバイスを受けたときは、「アドバイス、ありがとうございます」というよりも、「ご助言ありがとうございます」と返したほうが丁重に聞こえる。「ご忠告、ありがとうございます」でもＯＫだが、このフレーズは言い方によって、慇懃無礼にも皮肉にも聞こえることがあるので、要注意。

□ありがち、特徴がない↓差別化ができていない

「ありがち」や「特徴がない」などは、主観的に聞こえる言葉だが、「差別化ができていない」というと、多少は客観的な評価、判断に聞こえるもの。

□一つにまとめる↓一元化する

「○○化する」という言い方は、意味が曖昧になるため、なるべく減らそうという意見もある。それでも、なかなか減らないのは、簡単に言葉に重みを持たせることができるからだろう。「一つにまとめる」も「一元化する」と言い換えると、言葉に重みを加えられる。

□○○がうまい↓○○力がある

「営業がうまい」は「営業力がある」、「調査が上手」は「調査力がある」と言い換えると、ほめ言葉としての格調が高くなる。

□○○についてよく知っている→○○通

たとえば、「経済についてよく知っている人」は「経済通」、「食に詳しい人」は「食通」と言い換えると、簡潔かつ大人度の高い言葉になる。

□進行状況→進捗状況

「進行」も「進捗」も同じ意味ではあるが、「進捗」といったほうがビジネスによりふさわしい響きになる。「業務の進捗状況について報告を求める」など。

□無駄を省く、能率を上げる→歩留りをよくする

「歩留り」は、使った原料の量に対する生産品の量の比率。そこから、「歩留りがいい」は効率がいいことを意味する。「無駄を省く」や「能率を上げる」というよりも、「歩留り」という言葉を使うほうが、仕事ができそうに聞こえるもの。

□よくわからない状況→流動的な状況

「よくわからない状況」というと、自分の能力が低いため、よくわからないという意味にも聞こえるが、「流動的な状況」というと、先行きが見通しにくい状況という意味になる。「なにぶんにも、情勢が流動的でして」など。

□先延ばしにする→寝かせておく

「先延ばしにする」というと、結論を出す決断力や実行力がないようにも聞こえる。そんなときは「寝かせておく」を使うといい。「その企画、しばらく寝かせておきましょう」など。また、「温めておく」という言い方もある。これも、すぐには手をつけないという意味。

◉「できる大人」はこんなふうに言い換える③

□タイミングのいい企画→時宜にかなった企画

「時宜」は、その時にふさわしいという意味の言葉で、「時宜にかなう」「時宜を得る」が定番の使い方。「時宜を得たアイデア」など。

□適当→適切

「適当」は、うまく当てはまるという意のほか、「いいかげんな」というネガティブな意味にも使われる。「適切」は否定的な意味に使われることはないので、こちらを使うと誤解を招かない。

□敵↓ライバル

競争相手を「敵」と表現しては、身もふたもない。「ライバル」と言い換えると、いい意味で互いを高め合う競争相手という意味になる。「好敵手」という熟語に言い換えてもいい。

□死ぬ気で↓不退転《ふたいてん》の決意で

「死ぬ気でやります」というと、俗っぽいうえに、いかにも嘘くさい。本気で死ぬ気がないことは、誰でもわかっているのだから。大人なら「不退転の決意で、取り組みます」と言い換えたい。「不退転の決意」は、とりかかる以上はあとへは退かないという気持ちのこと。「不退転の決意で、再建に取り組みます」など。

□聞く価値がある↓傾聴に値する

「傾聴」は耳を傾けて聞くこと。「傾聴に値する意見」など。ただし、この言葉、「賛成している」という意味ではないので、聞くには値すると持ち上げていても、内心は反対ということもありうる表現。

□**抜かりがないように↓遺漏のなきよう**

「遺漏」は、注意が足りなくて漏れること。「遺漏のなきよう」は、それがないようにということで、抜かりがないように、という意味になる。「遺漏のなきよう、お願いいたします」など。

□**（私の）気持ち↓微意《びい》**

自分の気持ちのことは、文章では「微意」と言い換えられる。「感謝の微意を表させていただきます」など。一方、相手の気持ちは、会話では「お気持ち」「お心遣い」「ご配慮」など。文章では「ご厚情」「ご高配」「ご芳志」などがよく使われている。

2　これを知れば、誰でも「敬語」が使いこなせる

◉仕事の日本語を敬語に変えて、好感度アップ①

□贈る↓差し上げる

「贈る」を敬語化すると、「差し上げる」になる。「恩師に記念品を差し上げる」など。また、熟語の「贈呈する」「進呈する」「謹呈する」も、敬意を含む。

□（相手が）受け取る↓ご査収

メールでは、「どうぞ、ご査収ください」がよく使われているが、ほかに「ご検収」「ご受納」も同様に使える言葉。なお、「査収」は、よく調べて受け取ることなので、相手から何かを送られたとき、「査収いたしました」と返信するのは失礼になる。

□取っておく↓お取りおきする

「お取りおきする」は、お客の注文品を別に取っておくときに使う言葉。「お取りおきしておきました」といって、顧客への特別の配慮を表すわけだが、舌を嚙まないように。

□売る↓お譲りする

「お売りする」よりも、「お譲りする」のほうが、よほどこなれた敬語。なお、「お譲りする」は「売る」という意味なので、無償で贈る場合には「無償でお譲りする」という必要がある。また、「買う」は「お譲りいただく」となる。

□教える↓ご案内する、ご紹介する

「教える」を単純に敬語化すると、「お教えする」や「ご教示する」になる。ただし、これらにも〝上から目線〟の語感が残っているので、「ご案内する」や「ご紹介する」に言い換えるとよい。「お問い合わせのあった件について、ご案内申し上げます」など。

□教わる↓ご教示いただく

一方、教えてもらう場合には、「教示」を使っても、語感上の問題は生じない。「お教えいただく」も可。

□**察する↓拝察する**

「拝察する」は「察する」の謙譲語で、「私が拝察するに」などと使う。一方、謙譲語であるため、相手に対して「ご拝察のとおり」と使うのは間違いで、「ご賢察のとおり」というのが正しい。なお、ほかにも「拝」のつく謙譲語は多数あって、拝見する（見る）、拝謁する（会う）、拝観する（観る）、拝聴する（聴く）、拝借する（借りる）、拝受する（受け取る）、拝読する（読む）あたりは使いこなしたい言葉。

□**耳に入れる↓お耳を拝借する**

「少々、お耳を拝借」は、大人社会で古くから使われてきた言い回し。前項で述べたように「拝」の字がつく「拝借」は謙譲語であり、俗っぽい言葉ながら、一応は敬意を表す形になっている。

□**尋ねる↓お伺いを立てる**

「お伺いを立てる」は、目上に意向を尋ねるときに使う言葉。「社長にお伺いを立てなくても、いいのですか」など。

□言いつかる↓仰せつかる

この「つかる」は「付かる」と書き、言い付けられるという意味。敬語化するには「言い」の部分を「仰せ」に換えるとよい。「本日、司会の大役を仰せつかりました○○でございます」など。

□参加する↓末席を汚す

「参加させていただく」としても謙譲表現になるが、「末席」という語を含む成句を使ったほうが、格調高く謙譲の気持ちを表せる。

□謝る↓陳謝する

「陳謝する」は、事情を述べて謝ること。この言葉自体は謙譲語ではないのだが、「陳謝いたします」のように「いたす」をつけて謙譲語化しやすい。一方、「謝る」はこなれた形の謙譲語にも尊敬語にもしにくい動詞。

□**呼ぶ↓お呼び立てする**

「呼び立てる」の本来の意味は、「大声を上げて呼ぶ」こと。それが、今は「呼ぶ」という意味で使われている。「お呼び立てして、申し訳ありません」などと用いる。

□**（相手が）出席する↓ご臨席いただく**

「ご臨席いただく」の敬度をさらに高めると、「ご臨席を賜る」となる。

◉仕事の日本語を敬語に変えて、好感度アップ②

□**かかってきた電話↓いただいたお電話**

相手からの電話は、謙譲語の「いただく」を使って表すと、尊意を表現できる。その電話で、自分側の用件を伝えるときには、「いただいたお電話で恐縮ですが、よろしいでしょうか」と断るのが、大人の電話マナー。

□**お時間をとらせる↓お時間をいただく、お時間を頂戴する**

「とらせる」は命令語に近い言葉なので、「お時間をとらせる」は失礼な表現。謙譲語の

「いただく」や「頂戴する」を使って、「お時間をいただく」や「お時間を頂戴する」というのが正しい敬語。

□文句をいわれる↓お叱りを受ける

「文句をいわれる」「クレームをつけられる」「抗議される」などを敬語化すると、「お叱りを受ける」となる。

□特別扱い↓格別のお計らい

「格別のお計らい」は、特別扱いしてくれる相手の気持ちに対して、尊意を表す言葉。「格別のお計らいをいただきまして」など。

◉「思いやり」をもった言葉を使っていますか①

□さようなら↓失礼いたします

「さようなら」は、もとは「左様なら」という接続詞。「それならば」という意味であり、敬意は含んでいない。そこで、謙譲語の「いたす」を含む「失礼いたします」に言い換えると、目上にも使える大人の別れの挨拶になる。

□**ただいま↓ただいま戻りました**

「ただいま」は、「ただいま戻りました」の略語であり、これだけでは子どもの挨拶。「ただいま戻りました」と言葉を略さずにいうと、大人の挨拶になる。

□**行ってきます↓行ってまいります**

謙譲語の「まいる」を含む形に言い換えると、相手に対する敬意を表せる。

□**いってらっしゃい↓いってらっしゃいませ**

「いってらっしゃい」の語尾を「ませ」に言い換えるだけで、目上に対しても使える言葉になる。

□**いらっしゃい↓ようこそ、いらっしゃいました**

「いらっしゃい」は、本来「いらっしゃる」の命令形であり、敬意を含んでいない。そこで、相手の訪問への喜びを示す「ようこそ」を補うことで、歓迎の気持ちを表すとよい。

□はじめまして↓はじめてお目にかかります

単に「はじめまして」では敬語になっていない。「お目にかかる」という敬語を含むフレーズを続けると、敬語化できる。「はじめまして、○○と申します」と、謙譲語の「申す」を使ってもOK。

□おはよう↓おはようございます

「おはよう」は「お早く」が音便化した語。「ございます」を補うと、大人の挨拶語になる。なお、「早いですね」は「お早いですね」に言い換えると、目上にも使える。

□こんばんは↓こんばんは、お疲れさまです

「こんばんは」も、「今晩は～」に続くフレーズを略した挨拶語。現代の言葉で補うとすれば、夜は仕事帰りの人が多いだろうから、「お疲れさまです」がしっくりくるケースが多いだろう。

□**ごちそうさま↓ごちそうさまでした**

「ごちそうさま」は、一応「様」がついているものの、現代では相手に対する敬意や感謝の気持ちを十分に表しているとはいえない。せめて、「〜でした」で締めて、より丁寧な言葉にしたい。

◉「思いやり」をもった言葉を使っていますか②

□**暑いですね↓お暑うございます**

「ございます」は、「です」をより丁寧にした表現。形容詞に直接つけることはできないが、「暑い」を「暑う」に言い換えると、使うことができる。「寒いですね」は「お寒うございます」に言い換える。

□**元気でした?↓お変わりございませんか?**

「お元気でした?」と「お」をつけたところで、十分な敬意を表すことはできない。「お変わりございませんか?」のように「ございます」を使う形に言い換えると、大人のフレーズになる。

□今、いいですか?→今、よろしいでしょうか?

「よろしい」は、「いい」「よい」を丁寧化した形容詞。おおむね「いい」「よい」は「よろしい」に言い換えると、大人っぽい表現になる。たとえば、「帰ってもいいですか」は「帰ってもよろしいでしょうか」、「こちらがいいですね」は「こちらがよろしいですね」など。

□どうぞ→どうぞお召し上がりください

「どうぞ」自体は敬語ではないので、目上に対しては、それでは敬意不足のときがある。そんな場合は、「お召し上がりください」など、明確な敬語を含むフレーズを補うと、目上に対しても使える言葉になる。

□こっちへどうぞ→こちらへどうぞ。ご案内いたします

これも、前項と同様、「どうぞ」で終わると、若干敬意不足なので、明確な敬語を含むフレーズを補う形にするとよい。

□**どっちがいいですか?↓どちらになさいますか?**

「どちらになされますか?」でもOK。

□**では、よろしく↓では、よろしくお願いいたします**

「よろしく」は、形容詞の単なる連用形であり、敬意を含んでいない。謙譲語の「いたす」を使う言葉を補うと、尊敬の気持ちを表せる。

◉よく使うフレーズだからこそ、見直してみよう

□**調べてください↓ご調査のほど、お願い申し上げます**

「ほど」は、丁重に依頼するときに便利な言葉。「ご理解のほど」「ご勘案のほど」「ご勘弁のほど」などに、「お願い申し上げます」と続けると、丁寧な依頼のフレーズになる。

□**ひいきにしてください↓ご愛顧のほど、お願い申し上げます**

これも、「〜のほど、お願い申し上げます」のパターン。「ひいき」にするのは、相手の行動なので、「ご」をつけて「ごひいき」にするか、「ご愛顧」に言い換える。

□貸してください→拝借できれば幸いです

「〜れば、幸いです」で締めくくっても、丁重な依頼のフレーズになる。「拝借できれば幸いです」「お借りできれば幸いです」というように。

□出席ください→ご臨席いただければ幸いに存じます

「〜れば、幸いです」の敬度をさらに高めると、「〜れば、幸いに存じます」になる。なお、例文の敬度をフルアップすると、「ご臨席賜れば幸いに存じます」となる。

□わかってください→お含みおきください

事情を承知してほしいときに、「わかってください」というのは、幼稚な表現。「事情をよく理解して心にとめておく」ことを意味する「含みおく」を使って、「お含みおきください」というのが大人。

□理解してください→ご賢察ください

「理解してください」を単純に敬語化すると、「ご理解ください」となるが、「賢」という漢字が入った熟語「賢察」を使うと、相手をさらに持ち上げることができる。

□やめてください↓ご遠慮ください

相手に何かをやめてほしいときは、「ご遠慮」を使って、婉曲に〝命令〟するのが大人の物言い。「お控え願えますか」という言い方もある。

□事情はわかります↓事情はお察し申し上げます

「お察しする」と謙譲語の「申し上げる」を組み合わせると、大人っぽくレベルの高い謙譲語になる。

□お断りします↓ご遠慮申し上げます

断るときには、角を立てないように、謙譲語の「申す」を使いたい。「ご辞退申し上げます」「見送らせていただきます」なども、角を立てない断り方。

□心配しています↓ご案じ申し上げています

「心配する」を大人語に言い換えると、「案じる」。それを敬語化すると、「ご案じ申し上げています」となる。先方の体調などへの心配を表すときの定番のセリフ。

◉丁寧な言葉づかいを心がけている人の日本語

□がんばります↓鋭意、努力いたします、精進いたします

決意を問われて「がんばります」と返してもいいのは、学生の間だけ。大人なら「鋭意、努力いたします」くらいのフレーズは使いこなしたい。また、「精進いたします」とも言い換えることができる。「精進」は、もとは仏道修行を意味する言葉。

□お久しぶりです↓ご無沙汰しております

「お久しぶりです」は、丁寧語ではあっても敬語ではない。「ご無沙汰しております」というと、「おります」が謙譲のニュアンスを含むため、一応は敬語の形になる。ただし、それでもまだ敬意不足なので「申し訳ありません」と続けることになる。

□～してください↓～していただければ幸いです

「～してください」は、丁寧語ではあるものの、命令形でもある。「～していただけませ

んか」や「～していただければ幸いです」に言い換えるのが大人の物言い。

□**おわかりください↓ご理解いただければ幸いです**

まず、「おわかり」よりは「ご理解」を使ったほうが、こなれた敬語になる。また、前項で述べたように、「～ください」は命令形なので、「いただければ幸いです」の形にする。

□**最後になりましたが↓末筆ながら**

スピーチでは、締めの言葉の前に「最後になりましたが」と前置きするものだが、手紙では「末筆ながら」と断るのがお約束。「末筆ながら、益々のご隆盛をお祈り申し上げます」「末筆ながら、皆様のご多幸を祈念いたします」などと締めくくる。

◉よく使うあの「動詞」を敬語に一発変換できますか①

□**着る↓お召しになる**

「着る」は、尊敬語をつくる助動詞「られる」を使っても、敬語化できる。ただし、「着られる」というよりは、「着る」の専用敬語「お召しになる」を使ったほうが、こなれた敬語になる。「今、お召しになっている服」など。

□座る↓お掛けになる

「座る」を敬語化するとき、「お座りになる」というと、相手を犬扱いしているように聞こえることもある。専用敬語の「お掛けになる」を使うと、よほどこなれた敬語になる。

□太る↓ふっくらされる、ふくよかになられる

「太る」を単純に敬語化すると、「太られる」か「お太りになられる」。ところが、これでは嫌味にも慇懃無礼にも聞こえかねない。大人語として使えるのは、「ふっくらされる」か「ふくよかになられる」。これでも、面と向かっては、口にしないほうがいいが。

□（相手が）処理する↓お取り計らいになる

「取り計らう」は、物事がうまくいくよう、取り扱うこと。自分が「取り計らう」場合は、「取り計らわせていただく」となる。舌を噛みそうなので、「処理させていただく」といったほうがいいかも。

□好きになる↓お慕いする

「慕う」は「お＋する」の形で敬語化できる。さらに敬度を高めるには「お＋申し上げる」の形にして「お慕い申し上げる」といえばよい。「娘が先生をお慕い申し上げているようで」など。

□祈る↓お祈り申し上げる

これも、前項と同様、「お＋申し上げる」の形で、敬語化できる。「一層のご活躍をお祈り申し上げます」は、手紙文を締める定番フレーズ。「祈る」を熟語に言い換えると、「ご祈念申し上げる」。

□酒を飲む↓御酒《ごしゅ》をいただく

「御酒」は、酒の尊敬語。古風ではあるが、こんな言い方もある。なお、「御酒」は日本酒限定の言葉で、ビールやウイスキーなど、ほかのアルコール類の意味に使うのはおかしい。

◉よく使うあの「動詞」を敬語に一発変換できますか②

□思う↓思し召す

「思し召す」は、「思う」の尊敬語で、「そのあたり、いかが思し召しですか」などと使う。なお、「思し召す」のような上級の尊敬語を使うときは、「どう思し召しですか」はミスマッチで、「いかが」を使って「いかが思し召しですか」としたい。

□暮らす↓お過ごしになる

「過ごす」には、時間を費やすという意味があり、「お過ごしになる」はその意味のときの尊敬語。「近頃、いかがお過ごしでしょうか」など。

□集まる↓ご参集になる

「参集」は、大勢の人が集まってくること。「参る」という漢字を含んではいるが、「参集」は謙譲語にはならない。

□顔つきが変わる↓面変《おもが》わりなさる

「面変わり」は、顔の雰囲気が変わること。この言葉自体は敬意を含まないので、「する」の敬語「なさる」を使って、サ変動詞の敬語版にするとよい。前述したように、サ変動詞は、「食事する」「行動する」など、「名詞＋する」の形で動詞化した言葉のこと。その「する」を「なさる」や「される」に換えると、おおむね敬語化できる。

□年をとる↓馬齢を重ねる

「馬齢」は、自分の年齢を馬にたとえてへりくだる言葉。人に対して「馬齢を重ねられて」といっても尊敬語にはならないので、注意のほど。

□帰る↓お暇《いとま》する、お暇申し上げる

「お暇する」は「帰る」の婉曲表現であり、謙譲表現。さらにへりくだると、「お暇申し上げる」となる。「失礼する」も、程度は軽いが、謙譲表現といえる。

□見かける↓お見かけする

これは、「お＋する」で謙譲表現にするパターン。「お見受けする」も、同様のパターン。

《特集1》

“自分の言葉”が増えれば、人間関係はもっと楽しい

▼ありがとう

□ありがとうございます

単なる「ありがとう」は、謝辞ではあっても敬語ではない。「ございます」を付け足すことによって、はじめて目上にも使える言葉になる。

□ありがとう存じます

前項に、若干ながら謙譲のニュアンスを加えた言い方。

□御礼申し上げます

おもに文章で使う言葉。「厚く御礼申し上げます」など。

□感謝申し上げます

「感謝」という熟語を使う基本形。これもおもに文章で使う。「心より感謝申し上げます」など。

□感謝にたえません

あらたまった席や文章で使うのに、ふさわしいフレーズ。

□感謝の気持ちでいっぱいです

スピーチで、大勢の人に対して感謝するときなどに似合うフレーズ。

□お礼の申し上げようもありません

「何とお礼を申し上げればいいか、言葉もありません」などと変化をつけながら、最大級の感謝を表せる。

▼恐縮です

□恐れ入ります

「恐縮」は、もとは「身を縮めるほど恐れ入る」という意味。ところが、感謝や依頼のフレーズに多用されるうち、軽い言葉になってきている。「恐縮です」よりは、「恐れ入ります」といったほうが、感謝の気持ちを丁重に表せる。

□身が縮む思いです

これも、現在では、「恐縮」よりは、恐れ入る気持ちを丁重に表せる言葉。

□恐れ多いことです

「そんなにしていただき、恐れ多いことです」「とても恐れ多くて」などと、相手を立てながら恐縮の姿勢を表すフレーズ。「畏れ多い」とも書く。

□痛み入ります

「お気遣い、痛み入ります」が、大人社会の定番の使い方。たとえば、中元・歳暮などの贈り物をもらったとき、メールや葉書で礼を述べるのに使える言葉。

▼ご苦労様

□お世話様でした

人に手伝ってもらったときなどに、「ご苦労様」と声をかけるのは、相手を使用人扱いしているようで失礼。「お世話様でした」のほうがまだマシだが、まだ上から見ているニュアンスは残っている。

□お世話になりました

こういえば、上から見るようなニュアンスを消せる。目上に対しても使える言葉。

□お手数をおかけしました

個別の用事を頼んだあとには、「お世話になりました」よりも、「お手数をおかけしました」というほうが似合う。「お手間をとらせました」も同様に使える言葉。

□ご面倒をおかけしました

個別に頼んだ用事が面倒な仕事であった場合には、このフレーズを使うといい。「ご厄介をおかけしました」も、同様のケースで使える言葉。

▼忙しいところ

□お取り込み中

仕事中の相手に話しかけるときには、「お忙しいところ～」と断るよりも、「お取り込み中、失礼いたします」というほうが、しっくりくる。「お取り込み中、恐れ入ります」ともいう。

□ご多用中のところ

立心偏は「心」を表すため、多忙の「忙」は〝心を滅ぼす〟ことを意味するとして、避けたほうがいいという見方もある。そこで、「多忙」を「多用」と言い換えるのも手。

□ご繁忙《はんぼう》のみぎり

案内状など、相手を誘う文章で、よく使われる言葉。「みぎり」は漢字では「砌」と書き、「頃」「折」という意味。「御用繁多《ごようはんた》な折」も、同様に案内状などで使われる言葉。

▼すみません

□あいすみません

「相済む」という動詞がある。「済む」のあらたまった言い方として使われる言葉で、「滞りなく相済みました」などと使われる。それを「すみません」の「すみ」の代わりに使ったのが「あいすみません」で、接客敬語、ビジネス敬語として、大人社会でよく使われている。

□失礼いたしました

「先日は失礼いたしました」のように、挨拶としても使われるフレーズ。そのため、謝罪用としては、小さな行き違いやうっかりミス程度にしか使えない。

□申し訳ありません

これも、小さなミスにしか使えない言葉。「申し訳ございません」にすると、多少は丁重になるものの、やはり大きな失敗には使えない。大きな失敗を謝るときには、「誠に申し訳ございません」などと副詞を付け足して、頭の下げ具合を深めていくのが得策。

□お詫びの言葉もございません

大きな失敗を謝る言葉。謙譲語の「申す」を使うと、「お詫びの申し上げようもございません」となる。

□なにとぞ、ご容赦ください

これも、大きなミスを謝る言葉。「平に、ご容赦ください」という言い方もある。

▼了解しました

□承りました

メールでは「了解しました」と返信する人が多いが、「了解」という言葉は敬意を含んでいないので、目上に対してはやや失礼に響く。「承る」は「聞き入れる」「受け入れる」の謙譲語なので、目上に対してはメールでもこちらを使いたい。

□承知しました

「承知」も「承」の字が使われているので、謙譲のニュアンスを含む。さらに、謙譲用の動詞「いたす」を使い、「承知いたしました」とすると、謙譲のニュアンスがさらに強くなる。

□かしこまりました

「かしこまる」は、多義的に使われる言葉で、「恐れ入る」のほか、「承る」という意味でも使うことができる。目上に対して、「はい、かしこまりました」が定番の使い方。メールで使うこともできる。「ご依頼の件、かしこまりました」など。

▼**そうです**

□**さようでございます**

「さよう（左様）」は、そのとおりという意味。文語の効果で、「そう」よりは丁重に響く。加えて、「です」を「ございます」に言い換えると、同意や肯定の気持ちを丁重に表すことができる。

□**おっしゃるとおりです**

同意するときの基本フレーズ。さらに、丁重にすると「仰せのとおりです」になる。なお、「おっしゃられる」は二重敬語であり、くどい表現。

□**ごもっともです**

相手の意見に賛意を表すフレーズ。「ごもっともでございます」「ごもっともなお話と存じます」などと、敬語としてのレベルを上げていくことができる。

□**異存はございません**

「異存はない」を丁寧にいって同意を示すフレーズ。現実には、「ごもっともなご意見と存じます。私には異存はございません」などと、別のフレーズと組み合わせて使うことが多い。

▼**できません**

□**いたしかねます**

謙譲語の「いたす」を使うと、一応は敬語の形で断ることができる。ただし、これでもいささかぶっきらぼうに聞こえるので、現実では「いたしかねます。あいすみません」などと、言葉をつなげていくもの。

□ご希望には添いかねます

「かねる」は、「言いかねる」「忘れかねる」のように、「〜することができない」という意味をつくる言葉。謙譲のニュアンスを含んではいるものの、これだけでは冷淡にも聞こえるので、これも「あいすみません」などを添える必要がある。

□貴意には添いかねます

前項の「ご希望」を「貴意」に言い換えたフレーズで、もっぱら文書で使う表現。

□ご辞退申し上げます

人からの誘いや任命を断るときには、このフレーズが使える。「辞退」には、へりくだって引き下がるという意味があり、それに謙譲語の「申し上げる」を添えると、過不足ない敬語になる。

Step4

「タブーの日本語」を回避するにはコツがいる

1　冠婚葬祭で、その言葉を使ってはいけない

◉そういう日本語を使えばよかったのか――結婚編

×高い席から→○この場をお借りして

結婚披露宴でスピーチをするとき、「高い席から失礼します」と述べると、ほかの人の席を「低い席」扱いすることになる。「この場をお借りして」といったほうがいい。

×末席ながら→○おめでたい席

結婚披露宴でスピーチするとき、「末席ながら」というと、その席を決めた新郎新婦らに対して「自分は末席に座らされた」といっているようにも聞こえる。「おめでたい席」というのが大人の物言い。

×息子さん、お嬢さん↓○ご子息、ご息女

新郎新婦を「息子さん」や「お嬢さん」と呼ぶと、馴れ馴れしい印象になる。「ご子息」や「ご息女」が、結婚披露宴というあらたまった場にふさわしい言葉。

×終わり↓○お開き

結婚披露宴には、使ってはいけない忌み言葉がある。結婚の破綻をイメージさせる「終わり」は、その代表格。宴席の終わりを告げるときには、「そろそろお開きの時間となりました」というのが、この国のルール。

×ご祝儀↓○お祝いのしるし

受付で祝儀を渡すとき、「ご祝儀でございます」というのは、ぶしつけ。「お祝いのしるしです」くらいのセリフは心得ておきたい。

×お名前↓○御芳名

結婚披露宴の受付では、「お名前を書いてください」ではなく、「こちらに御芳名のご記入をお願いいたします」というもの。これくらい、あらたまった言葉を使うほうが、場の雰囲気に似合っている。

◉そういう日本語を使えばよかったのか――お葬式編

×火葬場→○斎場《さいじょう》

「火葬場」は、いかにも生々しい言葉なので、「斎場」と言い換えたい。「斎場」は、もとは寺社のある清浄な場所という意味。今は、おもに火葬場という意味で使われている。「東京都青山斎場」など。むろん、「焼き場」は生々しすぎるうえ、下品で論外。

×棺桶→○お棺《かん》、柩《ひつぎ》

「棺桶」は、「お棺」や「柩」に言い換えると、大人らしい言葉づかいになり、故人への弔意も込められる。なお、「棺桶に片足を突っ込む」(死期が近いという意味)という成句があるが、使わないほうがいい。

×墓場→○墓地、霊園

「墓場」は、今ではやや品を欠く呼び方。「墓地」か「霊園」に言い換えたほうがいい。

「墓石《はかいし》」も、「墓石《ぼせき》」か「墓碑」に言い換える。

×死亡、急死↓◯逝去《せいきょ》、急逝《きゅうせい》

人の死を表すときは、「死亡」という言葉を避け、「逝去」などに言い換えるのが常識。同様に「急死」は「急逝」に言い換える。「◯◯さんが急死されました」というよりも、「急逝されました」というほうが、丁重な弔意を表せる。「頓死」や「即死」は論外。

×死ぬ前↓◯生前、在りし日

大の大人が「父親が死ぬ前」などというのは、いささかみっともない。せめて「生前」くらいは使いたい。その「生前」を大和言葉化すると「在りし日」になり、「在りし日の思い出」や「在りし日の面影」などと使う。

2　その「言い方」で、あなたのセンスが試されている

◉〝20世紀語〟を、今の日本語に言い換える①

×老人↓○高齢者

「老人」は、かつては「老人福祉法」（1963年制定）や「老人保健法」（1982年制定）など、官公庁も使っていた言葉。ところが、今では、役所やマスコミは「高齢者」に言い換えている。一般的にも、会話では「老人」を使うのも許容範囲だが、文章では「高齢者」や「年配者」に言い換えたほうがいい。

×伝染病↓○感染症

かつては「伝染病予防法」という法律があったが、1999年に廃止され、現在の「感染症法」へ受け継がれている。その時期から「伝染病」という言葉は、徐々に〝瀕死語〟

化し、今は「感染症」というのが一般的。

×未婚の母↓○シングルマザー

「未婚の母」は昭和の頃にはよく耳にした言葉だが、今は「シングルマザー」が使われている。ただし、両者の意味は微妙に違い、シングルマザーは未婚とは限らず、夫と離別・死別した元妻を含むことになる。

×免罪符↓○贖宥状《しょくゆうじょう》

今は、世界史の教科書でも「贖宥状」が使われ、「免罪符」は歴史用語としては姿を消している。ただし、「○○を免罪符として」のような慣用句的表現は生き残っているため、「免罪符」が完全に死語になったわけではない。

×青写真を描く↓○構想を描く、計画を立てる

「青写真」はかつてよく使われた複写技術で、設計図などを青地に白く焼き付けた。当時は「青写真を描く」という言葉が、未来の構想を描くという意味で慣用句化していたが、現在では青写真を見かけることはまずなくなり、慣用句のほうもほぼ死語化している。少なくとも40代以下には、単に「構想を描く」や「計画を立てる」といったほうがわかりやすいだろう。

△縁の下↓○床下

「縁の下」は縁側の下のことだが、今は縁側のない家が大半を占め、「縁の下の力持ち」ということわざの中で生き残る言葉。普通名詞としては、「床下」を選ぶほうが、現実に即している。

△風呂桶↓○湯船、バスタブ

昔の湯船は、木材を「桶」のように組んでつくったので「風呂桶」と呼ばれていた。今は、桶タイプの風呂を見かけることはまずなくなり、「湯船」「浴槽」、あるいは「バスタブ」というのが普通になっている。

△乳母車↓○ベビーカー

「ベビーカー」への言い換えが進み、近頃は「ベビーバギー」という呼び方も登場している。

×囚人→○受刑者

刑務所関係の言葉は、かつてよく使われた言葉を蔑称と感じる人が増え、言い換えが進んできた。今では、「囚人」は「受刑者」、「監獄」「牢屋」は「刑務所」というのが常識的。

△一張羅→○勝負服

「一張羅」は、一着しか持っていない高級な服のこと。「羅」はうすぎぬという意味で、古くはとっておきの晴れ着を指した。今は、意味は多少違うものの、晴れの日用の服という意味では「勝負服」がよく使われている。

◉〝20世紀語〟を、今の日本語に言い換える②

△背広→○スーツ

近年、「背広」と呼ぶ人は少なくなり、とりわけ40代以下では、ほとんど使われなくなっている。背広はスーツ、ブレザーはジャケット、吊るしは既製服やレディメードに言い換えるのが妥当。ほかには、チャックはファスナー、コール天はコーデュロイ、運動靴・ズック靴はスニーカー、前掛けはエプロンへの言い換えがほぼ完了し、前者は瀕死語化している。

△学生かばん→○スクールバッグ

近年、革製の四角い学生かばんは激減し、ボストンバッグ型に変わっている。それもあって、名称も学生かばんからスクールバッグへの言い換えが進んでいる。

×旗日→○祝日

かつては、国が定めた祝日には、門や玄関に「日の丸」を掲げる家が多かった。今はそういう家庭は少なくなり、「旗日」という言葉にふさわしい風景を目にすることは少なくなった。「祝日」と言い換えるのが妥当。

×登校拒否→○不登校

かつては「登校拒否」と呼ばれていたが、いじめなどによって本人の意思で登校を拒んでいるわけではないケースが多いため、「不登校」と言い換えられている。

×帰化→○国籍を取得する

「帰化」は、もとは王の徳に「帰服」するという意味。後に、他国の国籍を取得するという意味で使われるようになったが、帰服するという意味合いが完全に消えたわけではなかった。そこで現在では、マスコミなどでは「帰化」という言葉を避け、単に「国籍を取得する」と表している。また、歴史用語の「帰化人」も、現在は「渡来人」に言い換えられている。

×（大学の）指導教官→○指導教員

教官、警察官、自衛官などの「官」は、公務員であることを示す言葉。国立大学は法人化し、大学教授らは公務員ではなくなっている。つまり、今の大学には、国公立、私学を問わず、「教官」はいなくなっている。一方、警察学校や自衛隊学校には今も「教官」がいる。

△メリー・クリスマス→○ハッピー・ホリディ

アメリカでは10年ほど前から、「メリー・クリスマス」から「ハッピー・ホリディ」への言い換えが進んでいるので、参考までに紹介しておく。ポリティカル・コレクトネス

（政治的正しさ）の見地からすると、キリスト教徒以外の国民もいるため、「メリー・クリスマス」という言葉は、避けたほうがいいというわけだ。

△鏡割り↓〇鏡開き

「鏡割り」は、「割る」という縁起の悪い言葉を含むので、「鏡開き」と言い換えられた。なお、「鏡割り」には二つの意味があり、鏡餅を雑煮や汁粉にして食べる行事、あるいは、祝い事で酒樽のふたを開くことを意味する。

△盲腸炎↓〇虫垂炎

「虫垂」は、盲腸から突き出した指状の部分のことであり、炎症を起こしやすい。それが、いわゆる「盲腸炎」の正体。医学的には「虫垂炎」という。

△甘いもの↓〇スイーツ

現在も「甘いもの」という言葉を使ってはダメということではないが、「スイーツ」への言い換えが進んでいることは確か。「和菓子」も「和のスイーツ」と呼ばれることがあるくらい。

◉言い換えの進んでいる「和製英語」

△サラミソーセージ↓○サラミ

「サラミ」は、イタリア語では単にサラミなのだが、かつての日本では、サラミだけだと、どのような食べ物かイメージしにくかったため、「サラミソーセージ」と呼ばれていた。ただし、これはイタリア語の「サラミ」に英語の「ソーセージ」をつけたヘンな言葉。今は、単に「サラミ」と呼ばれるようになっている。

△ウェーティング・サークル↓○ネクスト・バッターズ・サークル

野球で、次打者が待機する場所のこと。△は和製英語で、メジャーリーグでは○のようにいう。日本のマスコミでも、言い換えが進められ、野球中継では○が使われるようになっている。

△シーズンオフ↓○オフシーズン

「シーズンオフ」は和製英語で、英語ではオフシーズン（off-season）という。近年、マスコミなどでは、○を使うことが増えている。

△エンジン・キー↓○イグニション・キー

車のエンジン点火用のキーを△のようにいうのは和製英語。近年は、○のように呼ばれることが増えている。イグニション（ignition）は、点火装置のこと。

△ドアボーイ↓○ドアマン

ホテルのドアでサービスする係。ドアボーイは和製英語で、英語では「ドアマン」（doorman）という。ボーイとは呼べない年代の人も多いので、業界を中心に言い換えが進んでいる。

Step5

〝よく出る言葉〟を言い換えて、会話力のバージョンアップを!

1　大人っぽい「動詞」、子どもっぽい「動詞」

◉キホンの動詞を格調高く言い換える

□**読む↓繙《ひもと》く**

とりわけ、古典は「読む」ではなく、「繙く」と続けたい。「繙く」は、書物の帙《ちつ》の〝紐を解く〟という意味で、「帙」は書籍を包む厚紙や布製の覆いのこと。

□**考える↓慮《おもんぱか》る、鑑《かんが》みる**

「考える」は、さまざまに言い換えられる。相手の気持ちを考えるのは「慮る」、事情を考慮するのは「鑑みる」という具合。ほかに、「思案する」「推し量る」「思いやる」など、この言葉の選び方は語彙力の見せどころ。

□**書く↓認《したた》める**
手紙は「認める」と続けると格調高くなる。また、「書きはじめる」ことは「筆を執《と》る」と言い換えると、格調が高くなる。

□**なくなる↓尽きる**
「尽きる」に言い換えると、窮状をリアルに表せる。「食糧が尽きる」「資金が尽きる」など。また、熟語を使って「払底する」と言い換えることもできる。

□**かわいがる↓いつくしむ**
「いつくしむ」（慈しむ）は、「好きな大和言葉は？」というアンケート調査では、かならず上位にくる好感度の高い言葉。「いとおしむ」と言い換えることもできる。

□**迷う↓ためらう**
「ためらう」のほうが、やや大人度は高い。熟語を使って「逡巡《しゅんじゅん》する」や「躊躇《ちゅうちょ》する」に言い換えることもできる。

□あきらめる→観念する

重大な事態に至って、ついにあきらめるような場合は「観念する」がよく似合う。「もはやこれまでと観念する」など。「断念する」という言い方もある。

□叱る→諭《さと》す

「諭す」には、言い聞かせ、教え導くというニュアンスがある。「説教する」も「諭す」に言い換えられる。

□怒る→憤慨する

感情がからむ言葉は、熟語を使ったほうが格調高くなり、かつ婉曲にもなる。また、敬語化する場合も、「怒られていましたよ」はこなれない言い方だが、熟語を使うと、「憤慨されていましたよ」と、すんなり敬語化できる。

□誘《さそ》う→いざなう

「いざなう」は、「誘う」の格調を高めた言い換え。「展覧会へいざなう」など。なお、「いざなう」も漢字では「誘う」と書く。

◉大人の会話にふさわしい動詞に変換できますか①

□話す、語る→語らう

「話す」や「語る」は、ときには「語らう」に言い換えると、語彙の豊富さを感じさせる。「語らう」は、単に話し合うことではなく、打ち解けた雰囲気のなか、思いを述べ合うという意味。「家族との語らい」「将来の夢をともに語らう」など。

□妊娠する→身ごもる

「娘が妊娠しましてね」は、ストレートすぎる表現。「身ごもる」を使い、「娘が身ごもりましてね」といったほうが、大人の会話にふさわしいフレーズになる。

□熱くなる→高ぶる、我を忘れる

「熱くなる」は、「感情的になる」や「気分が高揚する」という意味で使われている言葉。ただし、まだ俗語の域を出ていないので、大人相手の会話では「(感情が)高ぶる」や「我を忘れる」などに言い換えたほうがいい。

□匂う→香る、薫る

文章では、悪臭がするときは「臭う」、いいにおいがするときは「匂う」と書く。いい匂いの場合は、ときには「香る」や「薫る」を使うと、語彙の豊富さを感じさせる。

□確かめる→見定める

真偽や信憑性をめぐる会話では、「見定める」を使うと、重々しく表現できる。「そのあたりは、真偽をよく見定めませんと」など。

□じっとしていられない→いたたまれない

「いたたまれない」は、漢字では「居た堪れない」と書き、それ以上その場にとどまっていられないという意味。「いたたまれない気持ちになる」がよくある使い方で、実質的には、ひじょうにつらいという意味で使われている。

□胸がどきどきする→胸が弾《はず》む

「胸がどきどきする」は、いささか軽い言葉。大人なら「胸が弾みます」と言い換えたい。「胸がときめく」「胸が高鳴る」ということもできる。

□**気がつかない↓気がきかない**
何か至らないことがあったときは、「気がきかなくて、すみません」と頭を下げるのが大人。なお、「気がきかない」は漢字では「気が利かない」と書く。「気が効かない」はよく見かける書き間違い。

□**いない↓席を外している**
在席しているかどうかを尋ねられたとき、「○○は今、いません」では子どもの返答。「あいにく、席を外していまして」が大人の答え方。

◉大人の会話にふさわしい動詞に変換できますか②

□**照れる↓気恥ずかしい**
人からほめられたとき、「少し照れますね」と応じるよりは、「少々気恥ずかしく思います」というほうが、大人の会話にふさわしい言葉になる。

□（馬が）鳴く↓嘶《いなな》く

馬が鳴くことには「嘶く」という専用動詞がある。このように、専用の言葉がある場合は、そちらを使ったほうが語彙が豊富にみえる。

□裏切る↓内通する、内応する

相手の人格に関わることについて話すときは、慎重に言葉を選びたい。「内通する」も「内応する」も、ひそかに敵方につき、味方を裏切ることではあるが、「裏切る」という露骨な言葉を使うよりは、大人の会話にふさわしい。

□草を食べる↓草を食《は》む

「牛が草を食べている」というのは、いささか幼稚な表現。「草」には「食む」という動詞がよく似合う。「牛が草を食んでいる」など。

□塗りたくる↓塗り立てる、塗りつける

「塗りたくる」は、「たくる」という言葉の品がよくないうえ、意味もべたべたと塗るというネガティブな意味。「白粉《おしろい》を塗りたくる」というと、悪口にもなってしまう。単に「塗る」か「塗り立てる」や「塗りつける」に言い換えるとよい。

□歩きで↓歩いて

「歩きで」は俗な言い方で、目上に使えない言葉。「歩きで10分くらいです」は「歩いて10分くらいです」に言い換えたい。「徒歩で10分ほどでございます」ならさらに丁寧。

□弱点を強化する↓弱点を克服する

「弱点を強化する」は違和感のある言葉。弱点をより強めるという意味にもとれるためだろう。「弱点を克服する」といえば、そうした違和感は生じないはず。

2　そういう下品な「動詞」は嫌われる

◉下品な動詞を言い換える方法①

□にたにたする→微笑む、笑う

「にたにたする」は、意味ありげに薄気味悪く笑うという意味合いを含む。人に対して「何、にたにたしているの」などと使うのは、「にやにやしている」以上に失礼な言葉になる。

□がなる→大声を上げる

「がなる」は、江戸時代から使われてきた俗語。語感が下品なので、「どなる」のほうがまだマシ。さらに、大人度を上げると「大声を上げる」になる。「そんな、大声を上げないでください」など。

□やる↓する、行う、与える

「やる」は、セックスや殺人を意味することもある言葉。「やる」は、自分の〝辞書〟から消去して、すべて言い換えるつもりで話したり、書いたりすると、言葉に品が出てくる。

□だまくらかす↓だます、あざむく

「だまくらかす」は、「だます」の俗な言い方。単に「だます」か「あざむく」に言い換える。「だまかす」も俗語的なので、同様に言い換えるとよい。

□くすねる↓着服する

「くすねる」は、人のものを自分のものにしてしまうこと。おおむね、このような、よくない意味の言葉は「熟語＋する」の形に言い換えると、多少は上品な言葉になる。「猫ばばする」も「着服する」に言い換えたほうがいい。

□せびる↓無心する

これも、前項と同様、「熟語＋する」の形で、多少は上品になる言い換え。「せびる」は、

金や物をもらうため、しつこく頼むこと。「ねだる」にも言い換えられるが、「無心する」にすると、大人度がより高くなる。「親に小遣いを無心する」など。

□ぐでんぐでんになる→深酔いする

「ぐでんぐでんになる」は、泥酔して正体がなくなるさま。「泥酔する」も醜態というニュアンスを含むので、人に対して使うときは「深酔いする」のほうがよい。「珍しく、深酔いされたようですねえ」など。

□乗っかる→乗る

「乗っかる」や「乗っける」は、もとは関東地方の方言。「乗る」のくだけた表現で、「(車に)乗っかっていかれますか」などと使われている。ただし、「乗っかる」という俗な言い方を敬語化しても、ミスマッチな感じが残る。単に「乗っていかれますか」のほうがいい。

□ほじくる→えぐる

「ほじくる」は、「鼻くそをほじくる」という形でよく使われることもあって、語感が下品。「えぐる」に言い換えたほうがいい。「傷口をえぐる」など。

□どける→のける

「どける」は、「のける（退ける）」から派生した俗な言い方。「のける」「除く」「取り除く」などに言い換えたほうがいい。

◉下品な動詞を言い換える方法②

□とっちめる→懲らしめる、責める、やりこめる

「とっちめる」は「取って締める」が音変化した言葉。おおむね、音変化した言葉は安っぽくなり、大人語としては使えないことが多い。「懲らしめる」「責める」「やりこめる」に言い換えたほうがいい。

□おたおたする→度を失う

「おたおたする」は、落ち着きを失うこと。「おたつく」や「あたふたする」も同様に言い換えられる。

□**首になる↓解任される、免職される、辞職する**

「首になる」は、自分が失職したときに自嘲的に使うのならまだしも、人に関する場合は「解任される」「免職される」「辞職する」などに言い換えたほうがいい。

□**丸め込む↓懐柔する、籠絡《ろうらく》する**

「丸め込む」「抱き込む」「手なずける」などの〝人を操る系〟の言葉は、「熟語＋する」のサ変動詞の「懐柔する」「籠絡する」などを使ったほうが、生々しさを消せる。

□**歯ぎしりする↓歯噛みする**

ともに悔しがるさまを表す言葉だが、「歯噛みする」のほうがまだしも上品。「歯噛み」は歯を食いしばることで、「歯噛みして悔しがる」などと使う。

□**顔出しする↓出席する**

人に対して「顔出ししたそうですね」などと使うと、場違い、出しゃばりという批判的な意味合いが生じる。単に「出席されたそうですね」ならニュートラルに質問できる。

なお、「ちょっと顔を出しましたところ」などと、自分に関して使うのはＯＫ。

□たむろする↓集まる、集《つど》う

「たむろする」（屯する）は「不良がたむろする」のように、ネガティブな意味に使うことが多い。そういう意図がない場合は、「集まる」や「集う」を使ったほうがいい。

□うろつく↓ぶらつく

「うろつく」も、「怪しい男がうろつく」など、ネガティブな意味に使われることが多い言葉。だから、人に対して「近くでも、うろついてきたら」などと、散歩をすすめてはダメ。「近くでも、ぶらついてきたら」のほうがまだマシ。

□舌なめずりをする↓舌鼓を打つ

「舌なめずりをする」は、もとは食べ物を前にして舌で唇をなめ回すさま。この意味では「舌鼓を打つ」に言い換えられる。また、今は、狙ったものを前にして、気持ちが高ぶるという意味で使われることが多く、その意味の場合は、「待ち構える」や「期待に胸を弾ませる」に言い換えられる。

□いじる↓もてあそぶ

「弄る」は「いじる」、「弄ぶ」は「もてあそぶ」と読み、後者のほうが、言葉としての格調は高い。たとえば「髪をいじる」は「髪をもてあそぶ」と言い換えたほうが上品に聞こえる。

□あさる↓探す、探し回る

「あさる」は「残飯をあさる」「ゴミをあさる」などとも使う言葉。「探す」という意味で使う場合には、単に「探す」や「探し回る」に言い換えたほうがいい。また、「あさる」は、「買いあさる」「読みあさる」「聞きあさる」のような複合動詞としてもよく使われる。こちらは、下品さが緩和されているので、文章で使うことも可能。

◉俗っぽい動詞を言い換える方法①

□かちんとくる↓腹に据えかねる、怒り心頭に発する

「かちんとくる」は、相手の言動が怒りを誘うさまを、擬態語的に表した言葉。「腹に据

えかねる」や「怒り心頭に発する」を使ったほうが、言葉の格調は高くなる。「かっかする」や「頭に来る」も同様に言い換えられる。

□むかつく↓むしゃくしゃする、むかむかする

「むかつく」は若者が濫用する言葉であり、大人が使うのはみっともない。せめて「むしゃくしゃする」か「むかむかする」に言い換えたい。「怒りが治まらない」「腹の虫が治まらない」「中っ腹」などを選ぶと、「むかつく！」とわめくよりは語彙力があるようにみえるはず。

□駄弁る↓雑談する、おしゃべりする

「駄弁る」は、明治時代の学生が使いはじめた言葉。「駄弁」（無駄なおしゃべりのこと）を動詞化した言葉だが、1世紀を経てなお、俗語の域を出ていない。「雑談する」か「おしゃべりする」に言い換えるのが妥当。

□目が点になる↓目を丸くする

「目が点になる」は、流行語の中では〝古語〟の部類。軽薄かつ流行遅れという〝二重

苦〟を背負った言葉であり、今どきこんな言葉を使う必要はないはず。

□おちょくる↓からかう、ひやかす、揶揄する

「おちょくる」は、もとは関西弁。語感が軽すぎるため、大人どうしの会話では使えない。「からかう」や「ひやかす」、あるいは「揶揄する」に言い換えるとよい。「おちゃらかす」も、「ひやかす」か「茶化す」に言い換える。

□ヘマをする↓失態を演じる、不始末を起こす

「失敗する」という意味の俗語は、「やらかす」や「ヘマをする」など多数あるが、それらを謝罪用に使ったりしないように。「やらかしてしまいまして」「とんだヘマをいたしまして、申し訳ありません」などと口にしてしまうと、さらなる怒りを買いかねないので要注意。

□へばる↓疲れる

「へばる」「へたばる」「ばてる」「くたばる」などは俗語の部類であり、あらたまった場所では使えない言葉。また、「へばられましたか」などと、敬語化するのもミスマッチ。

「疲れる」を使い、「お疲れになりましたか」と尋ねたほうがいい。

□ぱくつく、がっつく↓食べる

「食べる」ことに関しても、さまざまな俗な表現がある。「ぱくつく」や「がっつく」は、仲間内では使えても、あらたまった席では使えない言葉。

□かっぱらう↓掠《かす》める

「かっぱらう」は「掻き払う」が音変化した言葉であり、その分、俗語的。「掠める」に言い換えたほうがいい。

□ほっぽっておく↓放っておく、捨て置く

「ほっぽっておく」も音変化した言葉。「放っておく」「捨て置く」「放置しておく」などを選びたい。

□ばれる↓発覚する、露見する

秘密や嘘、悪事などが明らかになることは、「発覚する」や「露見する」と表現したほうがいい。

◉俗っぽい動詞を言い換える方法②

□シラける→興ざめする

「ちょっとシラけましたねぇ」は、「いささか興ざめですねぇ」と言い換えることができる。「興が削がれる」を選んでもいい。

□ぐっと来る→感極まる、感動する

「ぐっと来る」は、心に強い衝撃を受けるさま。「感極まる」や「感動する」といったほうが格調は高い。「じんと来る」も、同様に言い換えられる。

□ばらまく→ふりまく

「ばらまく」（散蒔く）は、「税金をばらまく」など、ネガティブな意味に使うことが多い。「まき散らす」も似たようなもので、それらに比べれば、「ふりまく」のほうが、まだしも上品だろう。たとえば「匂いをまき散らす」は「香りをふりまく」に言い換える

ことができる。

□いらつく↓苛立《いらだ》つ

「いらつく」は、焦っていらいらするさま。こういう俗語的な動詞は、敬語にもしにくい。「いらつかれてたようですよ」よりは、「苛立たれていたようですよ」のほうが、敬語としてこなれている。

□愚痴る↓こぼす

「愚痴る」は、「さんざん愚痴られましてね」のように、くどくどと嘆くことをネガティブに表現する言葉。一方、「こぼす」は「こぼされていましたよ」など、多少の同情がこもっているように聞こえる表現。

□へこたれる↓挫《くじ》ける、屈する

「へこたれる」は、気持ちが折れて力がなくなるさま。「挫ける」や「屈する」に言い換えることができる。

◉否定的なニュアンスの動詞を言い換える方法

□怒る↓気色ばむ

「気色ばむ」は、怒りの感情が表に出るさま。「怒られましてね」は「気色ばまれましてね」と言い換えると、大人っぽく聞こえる。

□嫌う↓煙《けむ》たがる

大人は、悪口をいう場合でも、「嫌う」のようなストレートな言葉は避けるもの。「周囲から嫌われていましてね」は、「周囲から煙たがられていましてね」と言い換えると、大人の物言いになる。

□へこむ↓落ち込む

気分が落ち込むという意味の「へこむ」は、若者言葉かつ俗な言葉であり、目上に対してや、あらたまった席で使える言葉ではない。「落ち込む」「気分が滅入る」「落胆する」などに言い換える。

□尻込みする→気後《きおく》れする、臆する

「尻」のつく言葉は、あらたまった場所では避けるのが常識。「尻込みする」は「気後れする」や「臆する」と言い換えられる。また、「尻に火がつく」は、適当な言い換えの言葉がないので、「のんびり構えていられなくなる」のように言い換える。

□うんざりする→閉口する

「うんざりしましたよ」というと、感情的に聞こえるが、「閉口する」と言い換えると、多少は客観的な評価に聞こえる。

□解《げ》せない→釈然としない

たとえば、「解せませんね」は「釈然としませんね」に言い換えると、丁寧な感じの言葉になり、大人度が上がる。

□気が散る→気もそぞろ

「気もそぞろ」（漫ろ）は、そわそわして落ちつかないさまを表す定番句。たまにこういう言葉を使うと、語彙が豊富なように聞こえるもの。

□**困る、困り果てる↓途方に暮れる**

「困る」や「困り果てる」は、成句の「途方に暮れる」に言い換えることができる。

◉品のない複合動詞はこんなふうに変換できる

□**眠りこける↓熟睡する**

複合動詞には、動詞の意味を強調するため、後半に品を欠く言葉が連なっているケースが少なくない。「眠りこける」もその一例で、「こける」という接尾語は品があるとはいえない。「寝っころがる」や「寝そべる」も、「横たわる」と言い換えたほうが、品がよくなる。

□**甘ったれる↓甘える**

「〜たれる」は、動詞の意味を強調し、かつ下品にもする接尾語。多くの場合、省いたほうが品がよくなる。たとえば「しみったれる」は語感が強すぎるうえ、下品なので、

「けちけちする」といったほうが多少はマシ。

□付け込む→乗じる

「付け込む」は、「弱みに付け込む」などと使う言葉であり、語感はよくない。「乗じる」のほうが下品さは消える。「付け入る」も「乗じる」に言い換えられる。

□盗み見る→かいま見る

「盗み見る」「盗み食い」など、「盗む」が入った言葉はなるべく避けたほうがいい。ほぼ同じ行為でも、「かいま見る」と表現するのが大人。漢字では「垣間見る」と書き、隙間からこっそりのぞき見るという意味。

3　いつも同じ形容詞ばかり使ってしまうあなたへ

◉よく使う形容詞の「大人度」を上げる〈基本編〉

□うれしい↓喜ばしい

「喜ばしい」は〝大人の辞書〟に不可欠の形容詞。この言葉を使うと、「うれしく思います」を「喜ばしい限りです」や「これほど喜ばしいことはありません」などの大人のフレーズに言い換えられる。

□ちょうどいい↓ほどよい

「ほどよい」は、程度や都合のよさを表す。「ほどよい湯加減でございました」「ほどよく煮えたところで」などと使えば、言葉の品をほどよくアップできる。

□忙しい↓多忙

少なくとも、メール（文章）では「多忙」を使ったほうがいい。「ご多忙中にもかかわらず」「ご多忙のみぎり」など。

□すごい↓すばらしい

なんでもかんでも「すごい」と形容するのは、すべてを「カワイイ」と表すのと変わらない。「すごい」をどのように言い換えるかは、語彙力の見せどころともいえる。「すばらしい」「すさまじい」「甚大」「あっぱれ」「ひじょうに」「たいへん」「著しい」など、場合に応じて多様に言い換えられるはず。

□照れくさい↓面映《おもは》ゆい

「面映ゆい」は、もとは「顔を合わせるのが、目映《まばゆ》いように思われる」という意味である。そこから、照れくさい、決まりが悪い、こそばゆい、恥ずかしいといった意味になった。これらの言葉はすべて「面映ゆい」という美しい大和言葉に言い換えることができる。

□しかたがない→いたし方ない

「いたし方」は「しかた」を謙譲化した言葉。大人社会では「いたし方ありませんねぇ」と言い合いながら、嘆息するもの。

□気持ちがいい→清々《すがすが》しい

「清々しい」は、『古事記』にも登場する大和の国が始まったころからある大和言葉。「気持ちがいい」「気分がいい」「さわやか」「あっさりしている」などの言い換えに使うことができる。

□仲がいい→仲睦まじい

とりわけ、夫婦仲のよさを表すときには、「仲睦まじい」を使うとしっくりくる。「仲睦まじい老夫婦」など。

□どうしようもない→手に負えない

「どうしようもない」は、ケースによって、「始末に負えない」「扱いに困る」「持て余す」などにも言い換えることができる。

◉よく使う形容詞の「大人度」を上げる〈応用編〉

□感じやすい↓多感

「感じやすい」は、性的に感じやすいことにも使われる形容詞。そこで、たとえば「感じやすい年頃」は「多感な年頃」と言い換えたほうが、妙な誤解を招かない。

□はっきりしない↓判然としない

たとえば、相手の説明が要領を得ないときには、次のように指摘するとよい。「判然としない点もございます」。

□芸がない↓光るところがない

「芸がない」というと、いかにも工夫が足りず、つまらないという意味になってしまう。それを婉曲に表現すると、「光るところがない」。また、ニュアンスは若干変化するが、「曲《きょく》がない」や「花がない」とも言い換えることができる。

□貧弱→お寒いかぎり

「お寒いかぎり」は、「劣悪」や「貧弱」などを婉曲に言い換える大人語。「見かけは立派だが、内情はまったくもってお寒いかぎり」などと使う。

□わけがわからない→理解を絶する

相手の言動などに対し、「わけがわからない」というと、原因はすべて相手側という意味になるが、「理解を絶する」といえば、形の上では自分の理解力不足を原因にしているので、その分、婉曲な表現になる。「理解に苦しむ」も同様に使える言葉。

□いいご家族→温かいご家族

家族に対するほめ言葉は「温かい」が定番。「すばらしいご家族ですね」も、よく使われる形。また、相手の父や母をほめるときには「素敵な」を使い、「素敵なお父様ですね」「素敵なお母様ですね」が最もしっくりくるほめ方。

□比べるものがない→比類ない

「比類」は比べられるもの＝同等のもののことで、それが「ない」のだから、「比べるものがないほど」という意味になる。なお、「比べるものがない」「比類ない」は、ともに、それほどに優れているという意味であって、劣っている場合には使えない。「比類なき駄作」などは誤用になる。

◉軽すぎる形容詞は、別の言い方にできる

□厚ぼったい↓厚手、厚い

「〜ぼったい」は、形容詞について強調する接尾語。俗語的になるため、「厚ぼったい」「腫れぼったい」「安ぼったい」などは、言い換えたほうがいい。「腫れぼったい」は「かなり腫れている」、「安ぼったい」は「チープ」あたりが適当。

□甘ったるい↓甘い

「〜ったるい」も、形容詞を強調する言い方で、「かったるい」「重ったるい」などと使われる。品のいい言葉にはならないので、あらたまった席では別の言葉を選んだほうがいい。

□おっかない↓怖い、恐ろしい

「おっかない」は俗語的であり、かつ幼稚な感じがする。「怖い」か「恐ろしい」に言い換えたい。「おっかない話ですねぇ」は「おそろしい話ですねぇ」というように。

◉大人なら「状態」「程度」をこう説明できる

□だいたい、たいてい↓総じて

「だいたい」や「たいてい」を大人語に言い換えると、「総じて」になる。「総じて出来がいい」など。あるいは「おおむね」に言い換えても、言葉の格調が高くなる。「おおむね順調です」「おおむね予定どおりです」など。

□こっそり↓ひそかに

「こっそり」は、泥棒が忍び込んだり、子どもが盗み食いをするときなどに似合う副詞。大人が人目を忍んで何事かを行うようなときは、「ひそかに」と形容したほうがしっくりくる。

□ぺらぺら→滔々《とうとう》と

「ぺらぺら」は、よくしゃべるさまを表す擬態語だが、多分に批判的なニュアンスを含んでいる。「滔々としゃべる」も、嫌味に聞こえることはあるが、少なくとも「ぺらぺら」よりは格調が高い。

□せっかちな→性急

ともに、先を急いで、ゆとりを持てないさま。日常会話では「せっかちな」でOKだが、あらたまった会話には「性急」のほうが似合う。「それは、いささか性急な話ではありませんか」など。

□あくせくと→営々と

ともに、休む間もなく行うさまを表す言葉だが、「あくせく働く」というと「せかせかと仕事をする」という否定的な意味合いを含むことになる。一方、「営々と働く」といえば、勤勉に励むというニュアンス。「こつこつと」に言い換えてもいい。

□おおっぴらに↓公に

「おおっぴらに」は、「おおびら」が促音化した言葉。促音化すると俗語的になることが多いが、この言葉も例外ではない。「公に」「公然と」「オープンに」に言い換えるとよい。

□しこたま↓たくさん、多い

「しこたま」は、数量が多いさまを表す副詞。「しこたま稼ぐ」「しこたま貯めこむ」のように、悪意を含む場合があるので、「たくさん」や「多い」に言い換えたほうが角が立たない。また、「山ほど」や「おびただしく」に言い換えることもできる。

□ひょろひょろ↓ほっそり

「ひょろひょろ」は、細長くて弱々しげなさま。人の体つきに関して使うと悪口になるので、「ひょろひょろの体」は「ほっそりした体」と言い換えるとよい。

□ませた、ひねた↓大人びた

「ませた口をきく」や「ひねた顔」などは、品がないうえ、ストレートすぎる悪口。「大人びた口をきく」「大人びた表情」と言い換えれば、婉曲な大人語になる。

□**薄っぺら→薄め、薄手**

「薄っぺら」は、薄くて貧弱で安っぽいさま。実感のこもる言葉ではあるが、「薄め」や「薄手」に言い換えたほうが、品はよくなる。

□**うっかりして→うかつにも**

「うっかり」は語感が軽いため、少なくとも謝罪に使うのは不向き。一方、「うかつにも」なら、自分の失態を自責するニュアンスを込められる。「うっかり忘れていまして」は、「うかつにも失念いたしておりまして」と言い換えるのが大人。

□**ちゃんとした→まっとうな**

「ちゃんとした」は語感が軽いので、「まっとうなご意見と存じます」などと言い換える。

□**何度も→たびたび**

「何度も申し訳ありません」は、「たびたび申し訳ありません」と言い換えたほうが、大人度は高くなる。これは、何度も電話をかけるなど、同じことを繰り返すことを謝るときのフレーズ。

□十分に↓重々《じゅうじゅう》に

「重々に」は、「十分に」を大人語化した言葉。「重々、承知しております」「ご事情、重々お察しします」などといえば、言葉に〝重み〟を加えられる。

□消極的↓慎ましい

「消極的」というと悪口になるが、「慎ましい」というと、ほめ言葉になる。場合によっては、「遠慮深い」というほめ言葉にも言い換えられる。

4 語彙力がある人は、実は、こんな日本語を使っている

◉より品のいい慣用句を選ぶのがコツ

□豚に真珠↓猫に小判

ともに、価値がわからない者には、貴重なものも意味がないことのたとえ。いずれのことわざも、相手を動物にたとえるわけで、人に対して使うと失礼になる。それでも、豚にたとえるよりは、猫のほうが可愛い分、まだマシ。

□猿も木から落ちる↓弘法にも筆の誤り

ともに、物の上手も、ときには失敗することのたとえ。人に対して使うときは、猿ではなく、弘法大師（空海）にたとえたい。なお、「弘法も筆の誤り」ともいうが正しくは「弘法にも」。

□目糞鼻糞を笑う↓五十歩百歩

「目糞鼻糞」というのは、いかにも下品である。同様の意味の「五十歩百歩」に言い換えたい。とりわけ「目糞鼻糞」は字面が汚いので、会話以上に文章では使わないようにしたい。

□左うちわ↓悠々自適

「左うちわ」は、安楽に暮らすという意味だが、多少の皮肉がまじる言葉。人に対して使うときは、「左うちわの生活らしいですよ」というよりも、「悠々自適の暮らしらしいですよ」と言い換えたほうがいい。

□ぴか一↓白眉

「ぴか一」は、花札賭博に由来する言葉であり、「多数の中で最も優秀」という意味で慣用句化しているものの、依然、上品な言葉とは言いがたい。同じ意味で、『三国志』由来の「白眉」に言い換えたほうが、格調は高くなる。

□皮算用↓目算

「皮算用」は、ことわざの「捕らぬ狸の皮算用」に由来し、まだ実現していないのに、計算を立てること。愚かしい行為という意を含むので、相手に対して使うのは失礼。自分の推量は「皮算用なのですが」などとへりくだり、相手の推量には「目算」を使うといい。「目算がおありなようで」など。

◉「成句」を使って、格調高く言い換える①

□よく知っている↓造詣《ぞうけい》が深い

「造詣が深い」は、学問や芸術に精通していること。「博識」や「幅広い知識を持つ」も、「知っている」の言い換えとして使える言葉。

□明るい↓天真爛漫な

「天真爛漫な」と言い換えると、明るく楽しい性格であることを、よりイメージ豊かに伝えられる。

□負けていない↓遜色ない

「負けていない」を大人っぽく言い換えると、「遜色ない」。「遜色」は「劣っている」ことで、それが「ない」のだから、負けていないという意味になる。

□準備する↓布石を打つ

「布石を打つ」といえば、単に「準備しておく」というよりも、格調高く表現できる。「布石」は、囲碁の序盤戦で、要所に打つ石のこと。

□心配しすぎかもしれませんが↓杞憂とは思いますが

「杞憂」は、古代中国で、杞の国の人が天が落ちてこないかと心配したという話から生まれた言葉で、取り越し苦労を意味する。この言葉を使うと、「心配しすぎかもしれませんが」というよりも、知的に聞こえる。

□重要な意見↓刮目《かつもく》すべき意見

重要であることを強調したいとき、「刮目すべき」を使うと、より強力に表現できる。

「刮目」は、目をこすって注目するという意味。

□取り繕う↓弥縫《びほう》策

「弥縫」は、失敗や欠点を取り繕うこと。「取り繕っても問題解決にはなりません」というよりも、「弥縫策では問題解決になりません」といったほうが、大人度の高い表現。

◉「成句」を使って、格調高く言い換える②

□面子に関わる↓沽券《こけん》に関わる

「面子に関わる」というよりも、「沽券に関わる」といったほうが、大人度は高い。「沽券」は、もとは土地・家屋の売り渡し証文を意味した言葉。

□ひどく↓完膚なきまでに

「完膚なきまでに」というと、ひどい状況をより強調できる。「完膚」は傷のない肌のことで、そこから「完膚なき」は「無傷のところがないほどに、ひどく」という意味になった。

□たくさんある→枚挙にいとまがない

「枚挙」は一枚一枚数え上げることで、「枚挙にいとまがない」は、たくさんありすぎて、数えきれないさま。「たくさんある」「ひじょうに多い」さまを強調できる言葉。なお、この「いとま」は本来は「遑」と書くので、「暇」ではなく、ひらがなで書いたほうがいい。

□うまくいく→功を奏する

「うまくいく」を大人語で表現すると「功を奏する」。「奏功する」という同じ意味の言葉もある。

□できるだけ早く→可及的速《すみ》やかに

「可及的」は「なるべく」「できるだけ」という意味で、もっぱら「可及的速やかに」という形で使う言葉。「なるべく早く終わらせます」というよりも、「可及的速やかに終わらせます」というほうが、あらたまって聞こえる。ただし、濫用すると、役人の答弁のように聞こえるが。

□悪賢い↓老獪《ろうかい》な

「老獪な」は、数多くの経験を積み、知恵があること。いい意味でも、悪い意味でも使い、「悪賢い」「得体が知れない」「えげつない」などのニュアンスを渾然一体化して表せる言葉。

□確率が高い↓蓋然《がいぜん》性が高い

「蓋然」は、ある程度、確実であること。「蓋然性」は「確率」と同じような意味で使われ、「蓋然性が高い」といったほうが、言葉に重みを加えることができる。

□見かけ倒し↓羊頭狗肉

「見かけ倒し」を四字熟語で表すと、「羊頭狗肉」となる。看板に羊の頭を掲げながら、実際には狗（犬）の肉を売っていたという話から、見かけと実質が違うという意味。

□いうまでもない↓論をまたない

「いうまでもない」を格調高く表現すると、「論をまたない」で、「〜であることは論をまたないところです」などと使う。なお、この「またない」は本来は「俟たない」と書くので、「待たない」ではなく、「またない」と書いたほうがいい。

□嫌な予感がする↓寒心に堪えない

「寒心に堪えない」は、将来を心配するときの常套表現。「嫌な予感がする」を言い換えると、こうなる。「わが社の将来を考えると、寒心に堪えない」など。

□楽しみ↓醍醐味

「醍醐」は、牛の乳を精製した汁。昔は、最上の味とされ、そこから「醍醐味」という言葉が生まれた。単に「楽しみ」「面白み」というよりも、深みを加えられる言葉。

□親しくしている↓昵懇《じっこん》にしている

「昵懇」は、「親しい」「仲がいい」ことを大人っぽく表す言葉。「○○氏とは昵懇の間柄です」などと使う。

Step6

ポジティブな言葉にすれば、どんな時も前が向ける

1　それをいうなら、こんな言い方もあったのに

◉イヤな言い方を上手に避ける方法①

□やけくそ→捨て鉢、自暴自棄

「やけくそ」は、漢字では「自棄糞」と書く下品な言葉。「捨て鉢」や「自暴自棄」に言い換えたほうがいい。ほかに、「下手糞」「ぼろ糞」「味噌糞」「けった糞」など、「糞」のつく言葉は、大人語としては、すべて禁句と思っておいたほうがいい。

□屁理屈→理屈

「屁理屈」をこねる相手に対しても、「屁理屈はやめてください」というのではなく、「それは理屈に合わないですね」くらいにとどめるのが、大人の物言い。

□どんじり↓しんがり

「どん尻」と書くわけで、かなり下品な言葉。ほかにも、「最後」を意味する言葉は「どんけつ」「びりっけつ」のように「尻」と結びつきがちだが、これらはすべて「しんがり」（殿）と言い換えるとよい。「しんがり」は「しりがり」が音変化した言葉だが、もとは「後駆り」であり、「尻」との直接の関係はない。

□へま↓ポカ

「ポカ」というと、たまたま不注意で起きた失敗という意味になり、それが本人の実力ではないというニュアンスが生じる。一方、「へま」を使うと、本人の能力そのものを侮蔑する意味合いになる。軽い失敗であることが明らかなときは、「ポカ」を効果的に使ってみよう。

□いかさま↓不正

「いかさま」「いんちき」「ぺてん」は、いかにも俗語。「不正」に言い換えると、大人の言葉づかいになる。

□いちゃもん↓言いがかり、難癖

「いちゃもん」は俗語的な表現。「いちゃもんをつけられる」や「難癖をつけられる」に言い換えるとよい。「言いがかりをつけられる」は

□とばっちり↓しわ寄せ

「とばっちり」は「とばしり」が音変化した言葉で、本来の意味は「飛び散ってふりかかってくる水」のこと。そこから、迷惑をこうむるという意味が生じた。俗語的なので、「しわ寄せ」に言い換えたほうが品はよくなる。

◉イヤな言い方を上手に避ける方法②

□早とちり↓早合点

「早とちり」は、話をよく聞かずに、自分勝手に解釈すること。「早合点」と言い換えたほうが、まだしも大人の会話にふさわしい。「早呑み込み」や「独り合点」にも言い換えられる。

□デマ↓風説、流言飛語

「デマ」は「デマゴギー」の略語で、もとは政治的効果を狙って流される虚偽情報のことで、今でいう「フェイクニュース」に近い意味の言葉。「デマでしょう」は「風説の類でしょう」や「流言飛語の類でしょう」と言い換えると、大人度が高くなる。

□ずぶずぶの関係↓密接な関係

「ずぶずぶ」というと、賄賂をやりとりしているような後ろめたい関係に聞こえる。「相当、密接な関係らしいですよ」程度の表現でも、相手が大人であれば、こちらの言わんとするところは伝わるもの。

□地べた↓地面

「地べた」は、地面の俗な言い方。「地べたに座り込む」などと使うが、あらたまった席などでは、避けたほうがいい言葉。

□穴ぼこ↓穴

「穴ぼこ」は、穴やくぼみを意味する俗語。愛嬌のある言葉ではあるが、大人が「穴ぼこだらけの道路」などというと、幼稚に聞こえる。「穴だらけの道路」というのが適切。

□汗まみれ↓汗みずく

「汗まみれ」は、いかにも汗の臭いが漂ってきそうな表現。「汗みずく」と言い換えたほうが、言葉としてまだしも品がある。「汗だく」「汗みどろ」も、「汗みずく」に換えると、多少は〝臭気〟がおさまる。

□げてもの食い↓いかもの食い

ともに、普通の人が食べないものを好んで食べること。いずれも品のない言葉ではあるが、「下手物」よりは「如何物」のほうが、まだマシか。

□とんずら↓逃走、逃亡

「とんずら」は、遁走などの「遁」と、ずらかるの「ずら」の合成語。その由来からしても、品がない言葉。「逃走」や「逃亡」、場合によっては「エスケープ」に言い換えるとよい。

◉相手の〝地雷〟を踏まずに会話する方法①

□二流、三流→B級

「二流」「三流」というと、「一流」よりは明らかにレベルやグレードが下がることを意味する。一方、「B級」は、A級ではないからこそ得られるメリット、手軽さや値段の安さ、コストパフォーマンスのよさなど、ポジティブな意味合いを含む。「B級グルメ」「B級映画」など。

□過保護→温室育ち

「温室育ち」は、温室内の植物のように、大事に育てられること。比喩である分、「過保護」よりは婉曲な表現といえる。また、「乳母日傘《おんばひがさ》」も、今は乳母のいる家庭がほとんどないため、「温室育ち」に言い換えたほうがイメージしやすい。

□荒唐無稽→夢物語

「荒唐」は、勝手気ままな思いつき。「稽」は根拠のことで、「無稽」は根拠がないさま。

あわせて「荒唐無稽」は、まったくもって現実性のないことを意味する。人から現実性のない話を聞かされたときは、「荒唐無稽」と思っても、「まるで夢物語のようで、にわかには判断できません」などと応じるのが、大人。

□人だかり↓人垣、人波

「人だかり」というと、物見高い野次馬が集まっているよう。「人垣」や「人波」に言い換えると、そうしたマイナスのイメージは消える。

□おべっか↓お世辞

「おべっか」は、人に取り入るためのお世辞。「おべんちゃら」と同様、相手の態度を侮蔑する言葉なので、単に「お世辞」に言い換えるのが大人の物言い。

□馬鹿笑い↓大笑い、高笑い

「馬鹿」のつく言葉は、極力言い換えたほうがいい。「馬鹿正直」は「真っ正直」、「馬鹿騒ぎ」は「大騒ぎ」、「馬鹿らしい」は「つまらない」に言い換えるのが妥当。「馬鹿馬鹿しい」は場合によって意味が変わるが、「考えられない」くらいが汎用的か。

□口出し↓口添え

「口添え」は、脇から言葉を添えること。いろいろ口出ししてくる相手に対して、「余計な口出しは無用」といいたいときでも、「お口添えの必要はありませんので」くらいにとどめると、まだしも角が立たない。

□愚痴、不平↓繰り言

「繰り言」は、本来は、同じことを繰り返していうこと。そうした言葉の内容は、たいていは愚痴であることから、今は「愚痴」や「不平」という意味で使われている。「老人の繰り言とお思いでしょうが」など。

□えこひいき↓身びいき

「えこひいき（依怙贔屓）」というと、きわめて不公平という意味合いになるが、「身びいき」というと、身内思いというニュアンスが加わり、決定的な悪口にはならない。「えこひいきも、いいかげんにしろ」といいたいところでも、「身びいきが過ぎませんか」くらいにとどめるのが、大人の物言い。

□早死に→早世

「死」や「死ぬ」は、極力別の表現に言い換えたい。「早世」は世を早く去るという意味。「夭折」や「夭逝」という熟語を選ぶこともできる。なお、「夭」には「わかじに」という訓読みがある。

◉相手の〝地雷〟を踏まずに会話する方法②

□面汚し→名折れ

「面汚し」は、ある集団の評判を傷つけること、あるいは、そういう者のこと。人に対して使うと強烈な批判になり、人間関係をこわすことにもなりかねない。「一族の面汚し」といいたいところでも、「一族の名折れ」くらいにとどめたほうがいい。

□お笑いぐさ→語りぐさ

「お笑いぐさ」の「ぐさ」は、「草」ではなく、「種」と書く。笑いを誘う材料、つまりは「物笑いの種」という意味。「まさしく、お笑いぐさですね」といいたいところでも、

「語りぐさになりそうですね」といっておけば、言わんとするところは伝わるはず。

□無駄話↓世間話、四方山話

「無駄話」は、「無駄」という言葉を含むため、人に対して使うのは失礼。「世間話」や「四方山話」、あるいは「雑談」に言い換えるとよい。

□居眠りする、うたた寝する↓まどろむ

「居眠り」や「うたた寝」には、だらしない行為というニュアンスがあるので、人に対しては「まどろむ」を使ったほうがいいだろう。「しばし、まどろまれたようですね」など。

□利口↓賢明、聡明、利発

「利口」は、「あの人は利口だから」のように、嫌味を込めて使われることがある。一方、「賢明」「聡明」「利発」に、そうしたニュアンスはない。純粋にほめ言葉として使いたいときは、後者の三語を使ったほうが誤解を招かない。

□その場しのぎ↓間に合わせ

「間に合わせ」は、仮の物で当座の用をすませること。「間に合わせではございますが」など。あるいは「有り合わせ」と言い換えることもでき、「有り合わせの材料でつくりました」など。

□もう一度↓今一度

「もう一度、ご確認ください」というよりも、「今一度、ご確認ください」といったほうが、若干は丁重に聞こえる。何度も確認を要求する〝くどさ〟も、少しは薄まる。

□共稼ぎ↓共働き

昭和の時代には、「共稼ぎ」がよく使われていたが、「稼ぐ」という語感がよくないこともあって、近年は使用頻度が激減、今はほぼ「共働き」に〝統一〟されている。

□悪妻↓恐妻

「恐妻」は、夫が頭を上げられない妻のこと。「悪妻」というと、100%の悪口になるが、「恐妻」や「恐妻家」（妻に頭が上がらない夫のこと）といえば、まだしもユーモアをまじえることができる。

□氏素性→身元

「氏素性」は血筋や家柄のことだが、「氏素性がはっきりしない」など、悪意を込めて使われることが多い。そうした意図がない場合には、「氏素性を調べる」ではなく、「身元を調べる」などと言い換えたほうがいい。

◉相手の〝地雷〟を踏まずに会話する方法③

□身持ち→素行

「身持ち」は、ふだんの行いのことだが、「身持ちが悪い」など、性的にだらしない、ふしだらという場合に使われることが多い。それ以外の意味で使う場合には、「素行が悪い」と言い換えたほうが、誤解を招かない。

□口喧嘩→口論

「口喧嘩になりましてね」は、「口論になりましてね」と言い換えるのが、大人の物言い。

「言い争いになりましてね」も使える言葉。

□**裏道↓裏通り**

「裏道」は、比喩的に、本道に外れたまともではないやり方という意味でも使われる言葉。道路を表すときは、「裏通り」を使ったほうがいい。

□**だまし討ち↓不意打ち**

「だまし討ち」は、相手を油断させておき、いきなりひどい仕打ちをすること。「だまし討ちを食らいましてね」といいたいところでも、「だまし」という言葉を避け、「不意打ちを食らいましてね」と言い換えるのが、穏当な物言い。

□**落第↓不合格**

「落第」は、試験に落ちることや進級できないことだが、今は前者の場合は「不合格」に言い換えるのが一般的になっている。こう言い換えると、前にも述べた「不」を使う効果で、ネガティブなニュアンスを薄めることができる。

□言いぐさ↓言い分

「言いぐさ」は、「言いがかり」や「聞いていられないような言い訳」という意味で使われることが多い。「なんたる言いぐさだ」といいたいところでも、「言い分もおありでしょうが」と、やんわりさえぎるのが、大人の物言い。

□言いざま↓口ぶり

「言いざま」は、「言いざまが憎々しくてね」などと、不愉快な話しぶりに対して使う言葉。そういうつもりがないときには、「口ぶり」に言い換えるとよい。

□末期《まっき》↓晩期、終期

「末期」は、「末期的」という言葉もあるように、滅びる寸前というニュアンスを含む。そこで、より客観的に表すため、「晩期」や「終期」に言い換えることが多くなっている。歴史用語でも、縄文時代の終わり頃は「縄文末期」ではなく、「縄文晩期」という。

□真っ昼間↓昼日中《ひるひなか》

「真っ昼間」は俗語的であるうえ、「真っ昼間から、〜するとは何事だ」という形で使われることが多い。「昼日中」も同様に使われるものの、まだしも下品ではない。

□生まれつき↓生まれながら

「生まれながら」は「生まれつき」と同じ意味ではあるが、やや格調の高さを感じさせる言葉。「生まれながらにして、才能に恵まれている」など。熟語を使って「生来」と言い換えてもいい。

□悪臭↓異臭

近年、マスコミでは、「悪臭」ではなく、「異臭」と表現するようになっている。「異臭騒ぎ」など。必ずしも、マスコミに従う必要はないが、参考までに紹介しておく。

□コネ↓つて、縁故、よしみ

「コネ」はコネクションの略。「コネをつける」「親のコネで就職する」のように、ずるさを感じさせる言葉。「つて」「縁故」「よしみ」などに言い換えると、そのずるい感じを消すことができる。

◉“感情的な言葉”を上品に言い換える方法①

□嫌な感じ→厭《いと》わしい

「嫌な感じ」を表す形容詞は多数あり、その選択は語彙力の見せどころ。「厭わしい」のほか、「疎《うと》ましい」「わずらわしい」「おぞましい」などへの言い換えを考えたい。また、動詞の「嫌う」や「憎む」も、「厭う」や「疎む」に言い換えられる。

□焦る→心急《こころせ》く

「焦る」でも問題はないが、「心急く」というと、大人度がより高まる。「少々、心急くことがございまして」などと使う。

□気に入らない、満足できない→意に満たない

「気に入らない」や「満足できない」は、「意に満たない」に言い換えられる。「気に入らない作品」は「意に満たない作品」というように。

□ぞくぞくする→わくわくする

「ぞくぞくする」は、風邪をひき、寒けがするときにも使う言葉。喜びや期待で感情が高ぶるさまは、「わくわくする」を使ったほうがしっくりくる。

◉〝感情的な言葉〟を上品に言い換える方法②

□かわいそう→痛ましい

「かわいそう」は、「痛ましい」に言い換えると、大人らしい言葉づかいになる。「かわいそうな事故」は「痛ましい事故」という具合。なお、「傷ましい」とも書く。

□哀れ→不憫《ふびん》

「哀れ」は、このままでも大人の会話に使えるが、「不憫」に言い換えることもできる。「哀れに思う」は「不憫に思う」、「哀れでならない」は「不憫でならない」のように。

□親しい→気の置けない

「親しい」は、「気の置けない」「心安い」「気安い」「仲がよい」「昵懇」などに言い換えられる。相手との関係、付き合いに応じて、使い分けたい。

□心配→懸念、憂慮

「懸念」と「憂慮」は意味は似ているが、使う〝時間帯〟が違い、「懸念」は悪い事態が起こる前、「憂慮」は悪い事態がある程度進行しているときに使うのがふさわしい。また、「心痛」や「頭痛の種」と言い換えることもできる。

□不満→不本意

「不満に思う」というと感情的に聞こえるが、「不本意に思う」というと、そう思う根拠が若干はありそうに聞こえる。また、「不満な出来」というよりも、「不本意な出来」としたほうが、格調がやや高くなる。

□生意気→小憎らしい

「小憎らしい」というと、生意気とは思いながらも、その能力は認めているというニュアンスを含めることができる。「小憎らしいほどの活躍ぶり」のように、複雑な意味合いを含むほめ言葉にも使える。

2　いい大人が、他人の「悪口」をいってはいけない

◉あえてポジティブに言い換えてみる①

□悪い→適当でない

「悪い」はストレートすぎる否定語であり、この形容詞を使うと往々にして角が立つもの。「適当でない」「いいとはいえない」など、否定形で表現すると婉曲化できる。

□嫌い→好みではない

「嫌い」も、ストレートすぎる否定表現。「好みではない」と、自分の感覚には合わないことにポイントを置く表現に言い換えると、全面否定したことにはならない。また、「苦手」と言い換えても、自分の感覚に原因があることになるので、角が立たない。「私には、合わないようで」という言い方もある。

□難しい↓簡単ではない

たとえば、「難しいと思いますよ」よりは、「簡単ではないと思いますよ」といったほうが、婉曲に聞こえ、角が立たない。「容易ではない」と言い換えることもできる。

□痩せた↓スリムな

「痩せた」という形容は、「貧相になった」という意味合いを含む。英語で「スリムな」と形容すれば、ネガティブなニュアンスは含まない。「すらっとした」も同様に使える。

□デブ↓恰幅《かっぷく》がいい

「恰幅」は体つきのことで、「恰幅がいい」は本来は体格がいいさま。ただし、現在では事実上、「太っている」ことの言い換えに使われている。「貫禄がある」に言い換えることもできる。

□ケチ、倹約家↓金銭感覚にすぐれている

「しぶちん」「しみったれ」「吝嗇《りんしょく》」などの悪口も、同様に言い換えられる。「物の価値がわかっている」と言い換えることもできる。

□うざい↓雰囲気が悪い

「うざい」は下品な若者言葉。「うざい」が場所を形容する場合は「雰囲気が悪い」、人を形容する場合は「近づきたくない」などに言い換えるとよい。

□つまらない↓ピンとこない

「つまらない」というと、相手を否定することになるが、「ピンとこない」は自分のセンスに起因する感覚であり、相手を全面否定したことにはならない。

□まずい↓食べ慣れない

「まずい」というと、作り手の責任だが、「食べ慣れない」といえば、「おいしくない」と感じるのは自分側の感覚の問題になり、角が立たない。

□ありきたりの↓定番の

「ありきたり」ということは、誰もがよく知り、よく使っているということ。その点をポジティブにとらえると、「定番の」と言い換えられる。ほかに「おなじみの」「人気の」「お約束の」を選ぶこともできる。「どこにでもあるような」も同様に言い換えられる。

□新味に欠ける↓オーソドックスな

新しさに欠けるということは、よくいえば「オーソドックス」であり、「伝統的」であり、「落ちついている」ということ。「新味に欠ける陳腐な意見」は「足が地についた意見」と言い表すこともできる。

□平凡な↓、堅実、手堅くまとまった

「平凡」であることをポジティブにとらえると、「堅実」や「手堅くまとまっている」と表せる。あるいは「標準的」という言い方もある。「平凡なプラン」も見方を変えれば「堅実なプラン」ということ。

□太っている↓福々しい

「福々しい」には、周囲を明るく幸せにしそうなニュアンスがあり、ほめ言葉になる。

なお、「福々しい」は、いつもにこにこしているという意味を含むので、仏頂面の人には似合わない。

◉あえてポジティブに言い換えてみる②

□泥臭い→土臭い

ともに、洗練されていない、野暮ったいという意味ではあるが、「土臭い」のほうが「土臭い青年」など、素朴で野性的というポジティブな意味を含む場合がある。また、近頃は、「泥臭い」のほうも、小器用には立ち回らない愚直さを表すなど、ポジティブな意味に使われることもある。

□青い→青々としている

「青」は不思議な言葉で、単に「青い」というと、「顔が青い」など、生気がないという意味になる。その一方、「青々としている」というと、「青々とした草木」など、生気を感じさせるという意味になる。

れる。

□**おぼこい↓初々《ういうい》しい、うぶ**

「おぼこい」は、純な感じがするという意味だが、世馴れていない、世間知らずというニュアンスも含む。「初々しい」や「うぶ」を使ったほうが、純な感じに焦点を当てられる。

□**噂好きの人↓いろいろご存じの方**

「ゴシップ好き」も、同じように「いろいろご存じの方」などと言い換えられる。また、「情報通」や「好奇心旺盛な方」と言い換えてもいい。

□**背が高い↓モデルさんのよう**

女性には、背が高いことを気にしている人もいる。「まるで、モデルさんのようですね」といえば、そういう人も悪い気はしないはず。ただし、そもそも外見に関することは具体的にはふれないのが、大人のマナーではあるが。

□**食べ物に好き嫌いがある↓舌が肥えていらっしゃる**

「好き嫌いがある」ということは、それだけ味にうるさいということでもある。「好みがはっきりしている」と言い換えることもできる。

□騒がしい↓活気がある

「にぎやかな」でもOK。「やかましい」や「うるさい」も、同様に言い換えられる。

◉失礼にならない人の呼び方を知っていますか①

□金持ち↓資産家

「金持ち」というと、やっかみや侮蔑するニュアンスが含まれるもの。「資産家」に言い換えたほうがいい。「大金持ち」は「富豪」に言い換える。

□女房役↓補佐役

「女房役」は、女性が男性の補佐役であることを前提にした言葉。このようなジェンダーに関わる言葉は避けて、「補佐役」を選んだほうがいい。「脇役」や「引き立て役」がぴったりくるケースもあるだろう。

□**世間知らず↓お嬢様育ち**

これは、女性限定の言い換え。「お嬢様育ち」も、軽くみるニュアンスを含むとはいえ、一応〝お嬢様〟扱いしているので、「世間知らず」というよりはマシ。一方、男性の場合は「お坊ちゃん育ち」と言い換えられるのだが、こちらは軽くみる度合いが大きいので避けたほうがいい。

□**初心者↓ビギナー**

「初心者」は、「初心者ですので、よろしくお願いします」などと、自分に関して使うのは問題ない。ただし、「彼は初心者らしいですよ」などと、人に対して使うと軽く見ていることになる。英語で「ビギナー」といったほうが、マイナスのニュアンスが薄まる。

□**素人↓アマチュア**

「素人」には相手を軽く見る語感があるので、「アマチュア」に言い換える。一方、「玄人」は、海千山千という意味合いが含まれることがあるので、ケースによっては専門家、プロ、スペシャリストなどに言い換える。たとえば「株の玄人」は「投資の専門家」というように。

□新入り、新米→新人、新進

「新入り」や「新米」は、へりくだるために使う言葉であり、人に対して使うと悪口になる。ニュートラルな意味の「新人」か、若くて優秀という意味の「新進」を選ぶとよい。

□古株、古手、古顔→ベテラン

「古株」「古手」「古顔」というよりも、英語で「ベテラン」といったほうが、経験を積み、円熟した技量をもつというニュアンスが強まる。

□古狐→古狸

「狐」も「狸」も、ともに人をだますといわれた動物。「古狐」も「古狸」も、油断できない者を意味するので、人に対して使うと悪口になる。両者では、「古狸」のほうが、愛嬌がある分、まだマシか。

□外人→外国人

「ガイジン」という言葉は、排外的なニュアンスを伴う。そこで、マスコミでは「外国人」と言い換えている。「外人観光客」ではなく、「外国人観光客」という具合。あるいは、「外国の方」という言い方もある。

◉失礼にならない人の呼び方を知っていますか②

□保菌者↓キャリア

ともに、体内に病原菌を持っている人のこと。かつては「保菌者」と呼ぶのが一般的だったが、今は「キャリア」への言い換えが進んでいる。

□妻の父↓岳父、義父

「妻の父」はわかりやすくはあるが、いささか幼稚に聞こえる言い方。また、あくまで妻の父であって、自分の父ではないという含意があるようにも聞こえる。そこで、「岳父」や「義父」と呼ぶか、単に「父」といったほうがいい。

□細君↓奥様

「細君」の「細」には、つまらないものという意味があり、人の奥さんに対して使うと失礼になる言葉。すでに死語化しつつあるが、恰好をつけて「細君はお元気ですか」などと使ったりしないように。

□配偶者↓連れ合い

「連れ合い」は、配偶者を意味する言葉。夫婦の一方からみた他方のことで、夫にも妻にも使える。ただし、新婚カップルなど、若夫婦が使うには、やや不似合いで、長年連れ添った夫婦が使うとしっくりくる。「連れ合いに先立たれまして」など。

□変わり者↓変わり種

「変わり者」は、要するに奇人変人のこと。それを「変わり種」と言い換えると、多少は表現がやわらかくなる。「親戚のなかの変わり種」など。

□腕っこき↓腕利き

「腕っこき」は漢字では「腕っ扱き」と書き、「腕っこきの職人」などと使うが、俗語的でやや下品な語感がある。スタンダードな言い方である「腕利き」を使ったほうがいい。

□のっぽ↓長身

「のっぽ」は俗語的なので、「長身」と言い換えたほうがいい。なお、「のっぽ」の反対語の「ちび」は差別的な表現なので、使わないように。

□中年↓壮年

「中年」というと、〝くたびれた〟というニュアンスを含むことがある。一方、「壮年」は、働き盛りであることに焦点を当てた呼び方。「働き盛り」を選んでも、ほぼ同じ年配の人を指すことになる。

□顔見知り↓顔なじみ

「顔見知り」というと、顔を見知っている程度で、さして親しくはない関係という意味になる。一方、「顔なじみ」は、何度も会っていて、「顔見知り」よりは親しみを感じている関係という意味合いが生じる。

□優等生↓優秀な学生

「優等生」は、成績や品行がすぐれている学生のことだが、「優等生的な回答」のように、個性を欠いて面白みがないという意味にも使われる。そこで、優秀な学生に関しては「優等生」という言い方を避け、「優秀な学生」といったほうが真意を伝えやすい。

□うるさ型→論客

「うるさ型」は、何事についても意見を述べたがる人のこと。そういう人は「論客」と呼べば、悪口にならない。「一言居士」も「論客」に言い換えるとよい。

□敵→好敵手

競争相手を「敵」と表現したことが、相手の耳に届けば、完全に敵対することにもなりかねない。そこで、「好敵手」を選べば、競争相手ながら相手に敬意を抱いているという意味を含ませることができる。「ライバル」という言い換えにも、同様の効果がある。

◉「悪くいう」ときは、こんなふうにボカせる①

□猿真似→物真似

悪口をいうにしても、「猿」のつく言葉は避けたほうがいい。相手の感情を深く傷つけ、修復不可能な関係になりかねない。「猿知恵」や「猿芝居」も避けること。

□下品→はしたない

人を注意するとき、欠点をあからさまに指摘すると、とかく強い反発を招くことになりがち。たとえば「下品な真似はよしなさい」は、「はしたない真似はよしなさい」と言い換えたほうが、相手の耳に届きやすくなるはず。

□自慢たらしい→自慢げ

「たらしい」は、「憎たらしい」にも使われる接尾語で、批判的なニュアンスをつくりだす。「自慢げ」ぐらいにとどめたほうが、人間関係にひびを入れない。

□風変わり→型破り

「風変わり」は、行動や好みが変わっているさまで、多少はネガティブなニュアンスを含む。一方、「型破り」は、常識的な型や枠にはまらないことで、「新しい」「豪快」といったポジティブな意味を含む。人に対しては「型破り」を使ったほうがいい。

◉「悪くいう」ときは、こんなふうにボカせる②

□腰抜け→ふがいない、苛立たしい

「腰抜け」はかなりな悪口であり、相手の耳に届くと、怒りを買うことになるだろう。批判するにしても、「ふがいない」や「苛立たしい」など、〝口撃レベル〟の低い言葉を選ぶのが大人の言葉づかい。

□自分勝手→恣意的

「恣意的」を辞書で引くと、「気ままで自分勝手なさま」という意味が出てくる。つまり、相手のことを「恣意的」というのは「勝手気まま」というのと変わりないのだが、それでも熟語を使ったほうが婉曲に聞こえるもの。

□不真面目→不誠実

相手にクレームをつけるとき、「不誠実な態度」や「不誠実な対応」はよく使われる言葉。「いささか不誠実な対応といわざるをえませんね」など。

□出来の悪い娘↓ふつつかな娘

「ふつつかな娘」は、自分の娘を謙遜して表すときの定番句。一方、出来の悪い息子は「不肖の息子」と表現するのが、お約束。

□下手↓つたない

「つたない」（拙い）は、大人社会では謙譲のフレーズでよく使われる言葉。「つたない挨拶ではございますが」「つたない芸など、お目にかけたいと存じます」など。漢字の「拙」自体も、「拙著」「拙作」「拙者」など、謙譲用によく使われる。

□古臭い↓古びた

「古臭い」というと悪口だが、「古びた」というと、趣《おもむき》があるというニュアンスが含まれ、ほめ言葉に聞こえる場合もある。

□みすぼらしい↓見劣りがする

「みすぼらしい」は、外見がひどく貧弱であるさま。かなりの悪口であり、「見劣りがする」に言い換えたほうが、まだしも角は立たない。なお、「みすぼらしい」は漢字では「身（見）窄らしい」と書く。

□理屈っぽい↓理詰め

「理屈っぽい」は、単なる悪口。「理詰め」に言い換えると、相手の感情を害することはない。また、「理論的」や「論理的」に言い換えることもできる。

□軽率な↓慎重さを欠く

「軽率」「軽はずみ」「軽々しい」といった「軽」のつく言葉を、人に対して使うと、人格と感情を傷つけることになりがち。「軽率な行動」や「軽はずみな振る舞い」といいたいところでも、「慎重さを欠く行動」と言い換えるのが大人。「そそっかしい」も、同様に言い換えられる。

□のろい↓スローモー、緩慢

「のろい」は、人に対して使うのは失礼な形容詞。「動きがのろい」は「動きがスローモー」、「のろい反応」は「緩慢な反応」に言い換えると、多少は婉曲な表現になる。

□高慢ちきな↓高慢な、不遜な

「ちき」は、高慢なさまを強調する接尾語。同じ悪口をいうにしても、「高慢な人」や「不遜な人」に言い換えたほうが、まだマシ。

□ちゃち↓貧弱、粗末

「ちゃち」は、安っぽくて粗末なさま。「貧弱」や「粗末」などの熟語に置き換えたほうが、まだしも言葉の品を保てる。「ぼろ」も同様に言い換える。

◉仕事の能力をポジティブに言い換えるコツ

□仕事が遅い↓仕事が丁寧

「仕事が遅い」ということは、時間をかけて丁寧に仕事を進めているからかもしれない。そうみれば、「丹念な仕事をする」や「こつこつと仕事をする」にも言い換えることができる。

□応用がきかない↓基本に忠実

「応用」の反対語は「基本」。そちらを使って表現し、「基本に忠実」や「基本を大事にする」といえば、ほめ言葉になる。

□決められない↓じっくり考える

なかなか「決められない」人は、「じっくり考える」や「人の意見をよく聞く」のかもしれない。「優柔不断」も、同様に言い換えられる。

□腰が重い↓思慮深い、慎重に取り組む

何事にも「腰が重い」のは、じっくり考えることが理由かもしれない。そう考えれば、「思慮深い」や「慎重に取り組む」と言い換えることができる。「行動力がない」も、同様に言い換えられる。

□頼りない↓おっとりしている

「頼りない」人は、おおむね「おっとりしている」人であり、「温厚」で「やさしい」人であることが多いもの。

□芽が出ない↓大器晩成型

真面目ではあるが、「芽が出ない」人「出世が遅い」人「成果を出せない」人は、「大器晩成型」と言い換えられる。「コツコツ努力している」人も○。

□うまく立ち回る↓状況が見えている

「立ち回る」というと、小ずるく行動するというニュアンスを含むことになる。悪口、少なくとも嫌味には聞こえる言葉なので、「状況が見えている」などに言い換えるとよい。

□頭が堅い↓ぶれない

「頭が堅い」人は、人の意見に左右されないわけであり、「ぶれない」「信念がある」「自分がある」「自分を貫く」などに言い換えられる。

□頑固↓自分を曲げない、迎合しない、流されない

「頑固」も、前項の「頭が堅い」とほぼ同様の意味なので、「自分を曲げない」「迎合しない」「流されない」などに言い換えられる。「融通がきかない」や「耳を貸さない」も同様に言い換えられる。

◉相手の「センス」を評価するときのコツ

□悪趣味↓独特のセンス

「個性的」と言い換えることもできる。「服の趣味が悪い」は「服の趣味が個性的」というように。

□派手な↓華やかな

「派手な」はネガティブな意味合いを含むが、「華やかな」「華がある」「ゴージャス」を選ぶと、ほめ言葉になる。「けばい」や「けばけばしい」も、同様に言い換えられる。

□流行遅れ↓時代に流されない

「流行遅れ」ということは、周囲に惑わされないわけで、「信念がある」や「細かいことを気にしない」にも言い換えられる。また、英語を使って「オールドファッション」というと、「遅れている」というニュアンスが消えて、オーソドックスという意味合いが生じる。

□**趣味がない↓仕事一筋**

「趣味がない」のは、仕事に懸命に取り組んでいるからだろう。そこで、「仕事一筋」のほか、「仕事熱心」や「仕事一途《いちず》」に言い換えられる。

◉相手の「キャラクター」を評価するときのコツ

□**神経質な↓細かいところまで神経が行き届く**

神経質な人は「細かいところまで神経が行き届く」人であり、「目配りがきく」「几帳面な」人でもあるだろう。英語を使って「デリケート」と言い換えることもできる。

□**性格が暗い↓控えめ**

「性格が暗い」といわれる人は、「控えめ」で「もの静か」ともいえる。「大人の雰囲気がある」と言い換えられるタイプもいるはず。

□**臆病→慎重**

「用心深い」「危険を冒さない」「手堅い」にも言い換えられる。「気が小さい」「怖がり」や俗語の「びびり」も、同様に言い換えられる。

□**鈍い→マイペース**

「鈍い」ということは、周囲の変化に動じないわけで、「マイペース」と言い表せる。また、そういうタイプは「余裕を感じさせる」こともあるかもしれない。

□**幼稚→いつまでも気持ちが若い**

「幼稚」は、「若々しい」や「子どもの心を残した人」とも言い換えられる。男性に関しては、「少年のような」「少年っぽいところがある」とも言い換えられる。

□**無愛想→無口**

「無愛想」というと悪口だが、「無口」といえば単なる形容になる。「クールな人」と言い換えることもできる。

□飽きっぽい↓いろいろなことに興味がある

飽きっぽくて、いろいろな趣味に手を出す人は、「多趣味」とも形容できる。

□目立たない↓場に溶け込んでいる

「場に馴染んでいる」とも表せる。また、そういう人には、「控えめな」や「遠慮がち」、あるいは「シャイな」と形容できるタイプもいるかもしれない。

□いいかげん↓臨機応変、融通がきく

「いいかげんさ」の〝症状〟によって、言葉の選び方は違ってくる。場当たり的である場合は「臨機応変」や「融通がきく」と言い換えられる。また、細かいことをいいかげんにするタイプは、「細かいことを気にしない」「度量が大きい」といえる場合もあるだろう。

□信念がない↓柔軟

「柔軟」といえば、臨機応変に対処する能力があるという意味になる。「場当たり的」や「朝令暮改」も、「柔軟」や「臨機応変」に言い換えると、ほめ言葉になる。

□騒々しい↓場を盛り上げる

何かと「騒々しい」人は、「場を盛り上げる」人「エネルギッシュな」人であり、「世話好きな」人であることが多いもの。

◉英語にすると、なぜかほめ言葉になる言葉

□（値段が）安い↓リーズナブルな

「リーズナブルな」と形容すると、価値あるものの値段が安いというニュアンスになる。一方、「チープな」というと、「安っぽい」というままの意味。

□地味な↓シンプルな

こう言い換えると、地味さや素朴さを肯定的に形容できる。

□がさつな↓アクティブな

「アクティブな」というと、「行動的」というポジティブなニュアンスが生まれる。

□人情味がない↓ドライな

「ドライな」というと、冷静な判断力があるというニュアンスが生じる。「厳しい」や「辛口な」も、「ドライ」に言い換えられる。

□古臭い↓レトロな

「レトロな」と形容すると、伝統を感じさせる趣や、懐かしい雰囲気をポジティブに表せる。「レトロな雰囲気のホテル」など。

□理屈っぽい↓ロジカルな

「理屈っぽい話」というと、つまらない、冷たい、現実を見ていない、などのニュアンスを含むことになるが、「ロジカルな話」と表現すると、論理的に正しい、知的なというポジティブな面に焦点を当てられる。

《特集2》

こうすれば、表現を一瞬で〝重く〟できる

この項には、ポジティブにいえば、「軽い言葉を重々しく言い換える」、ネガティブにいえば、「普通の言葉を役所言葉のように言い換える」パターンを集めました。言葉は、時と場合によって選び分けるもの。この項で紹介する言葉も、どちらが正解で、どちらが間違いというわけではありません。そのため、この項の矢印は両方向を向いています。矢印の上下、どちらの言葉も知っていて、使いこなせてこその「大人」といえるでしょう。

よくいえば格調高く、悪くいえば難しく言い換える①

□従前の⇔これまでの

「従り」で「より」と読み、「従前」は今より前という意味。「従前の方法では」「従前の通り」などと使う。

□所定の⇔決められた、定められた

「所定」は、お役所言葉の代表格。「所定の規

則に則《のっと》り」や「所定の席につく」のように使う。

□諸般の↔いろいろな

「諸般の情勢に鑑みて、善処したいと存じます」といえば、どういう場合にどうするのか、具体的なことは何も述べずに、とりあえずその場をしのぐ国会答弁の代表格。あえて、気持ちの入っていないフレーズで乗り切りたいときに。

□誤謬《ごびゅう》↔誤り

「誤謬」は、誤り、間違いのこと。「謬り」も「あやまり」と訓読みする。「なんらかの誤謬があったと存じます」「合成の誤謬」（経済用語）など。

□所存↔考え、つもり

「所存」は、心の中で考えていることで、おもに決意表明や文章で使う言葉。「〜する所存です」が定番の使い方で、「善処する所存です」「辞任する所存です」など。

□当該↔その、この

「当該」は、もとは「それにあてはまる」という意味の言葉。ところが、仕事語、お役所言葉としては、「その」や「この」のような指示代名詞がわりに使われている。「当該の一件に関しましては」というと、「この一件に関しては」という意味。

□現下の↔今の、現在の、最近の

「現下の」は「今の」を重々しく表す言葉。「現下の情勢においては、致し方ありません」など。

□尚早↔まだ早すぎる

「尚早」は、時期がまだ早すぎることで、「時期尚早」「尚早に過ぎる」などと使う。なお、「じきしょうそう」は発音しにくいため、「時期早尚」と言い誤りやすいので注意。

よくいえば格調高く、悪くいえば難しく言い換える②

□速やかに↔すぐに、早く

「速やか」は、時間をかけずに、すぐにという意味。ただし、役所が「速やかに対処する」という場合は、具体的な期限を切っていないわけで、事実上「いつになるかわからないが」という意味になる。

□する旨↔するので

この「旨」は、趣旨という意味。「○○する旨、申し伝えます」など。なお、「旨」には、第一の目的という別の意味もあり、「質素を旨とする」などは、こちらの意味で使われている。

□逐次↔順を追って

「逐う」で「おう」と読み、「逐次」は「順を追って」という意味。「逐次、取り組みます」「逐次、ご報告いたします」など。

□適宜↔適切に、状況に応じて

「適宜」は、状況に合っているさま。「適宜、対処するものとする」が定番の使い方。

□若干の点↔いくつかの点

「若干」は、さほど多くはない数を表す言葉。

「若干の点については、意見の違いが残っていますが」や「若干名募集」のように使う。なお、20歳を表す「弱冠」とは違う言葉なので、混同しないように。

よくいえば格調高く、悪くいえば難しく言い換える③

□数次にわたって↔数回にわたって

「数次」の「次」は、「つぎ」という意味ではなく、回数を数える接尾語。「数次にわたって試みたものの〜」などと使う。むろん、具体的な数字に続けることもでき、「三次にわたって試みたものの〜」は「3回トライしましたが」という意味。

□多大なる↔多くの

「多大」はスピーチなどで多用される言葉。「皆さまの多大なるご支援には、感謝の言葉もございません」「ご尽力のおかげで、多大な成果を上げることができました」など。

□〜に照らして↔〜と比べて

「照らす」には、照らし合わせる、見比べるという意味がある。たとえば、「先例に照らして考える」は、先例と比べて整合性はとれているかどうか、考えるという意味。ただし、その真意は、おおむねの場合、前例を踏襲することにある。

□いたしたく↔したいので

「いたす」は「する」の謙譲語であり、「いたしたく」は「したいと思うので」の大人語。「いたすべく」という形でも使われ、これは「するように」という意味で、「速やかに処置いたすべく」などと用いる。

□～においては⇔～では、～は、～で

「おいて」は漢字では「於いて」と書き、場所、時間、主語などを示す。たとえば、「当社においては」は「当社では」を重々しく表す言い方。なお、「措いて」と書く「おいて」もあり、こちらは「～を除いては」という意味。「彼をおいて後継者はいない」などと使う別の言葉。

よくいえば格調高く、悪くいえば難しく言い換える④

□～にあっては⇔～は、～の場合は

「御社にあっては」は、「御社では」「御社の場合は」という意味。

□～に当たっては⇔～の場合は、～するときは

ふだんあまり意識されていないが、「当たる」はきわめて多義的な言葉。『広辞苑』をひくと、その意味が40行以上にもわたって書かれているくらい。そのうち、「～に当たっては」は「～に際しては」という意味。「実施するに当たっては」など。

□いささかも⇔少しも

「いささかも」は、「ない」などの否定語を伴って、「少しも～ない」という意味をつくる。「いささかも恥じることはない」など。漢字では「些かも」と書く。

□ご案内のとおり⇔ご存じのとおり

「案内」は、「館内を案内する」などと使うことが多いが、見出し語の場合は、事情をすでに知っているという意味。「みなさん、ご案

内のとおり～」など。

□甚だ↔ひじょうに、大変

「甚だ」は、程度が著しいことを表す副詞。「甚だ遺憾に存じます」は、謝罪の定番フレーズ。「甚だ迷惑しております」は、クレームをつけるときの定番句。

□遅々として↔なかなか、遅れていて

「遅々」は、物事がはかどらないさま。「遅々として進まないのが現状です」などと使う。

□とみに↔急に、にわかに

「とみに」は、漢字では「頓に」と書き、「急に」「にわかに」という意味。薬の「頓服」は、にわかに効くので、この漢字を使う。また、「とみに」には、しきりにという意味もあり、「近年とみに」という場合は、こちらの意味で使われている。

□念頭に置いて↔考慮して

「念頭」は、胸の内、思いのこと。もっぱら「念頭に置く」の形で用い、「ご指摘を念頭に置いて」などと使う。

□～時より↔～時から

「2時から始めます」というよりも、「2時より始めます」のほうが、よくいえば格調高く、悪くいえば形式張って聞こえるもの。式典や公式の会議などには、「～時より」というほうがよく似合う。

□すら↔さえ

「すら」は、係助詞と呼ばれるタイプの助詞で、極端な状態を表す。「口すらきかなくなる」「小銭すらなくなる」などと使う。

□**衷心《ちゅうしん》より⟷心より**

「衷心」は、心、真心という意味。「衷心より感謝いたします」や「衷心よりお悔やみ申し上げます」のように使う。

"重み"のある動詞をきちんと使えますか①

□**資する⟷役立てる**

「資する」は、「役立てる」や「助ける」という意味。「公益に資する」「地域の発展に資する」などと、お役所の文書でよく見る言葉。

□**するものとする⟷する、します**

「するものとする」は、決まったことを重々しく表す言葉。「本件は、日を改めて協議するものとする」「当選者は抽選により決定するものとする」などと使う。要するに、「する」と同じ意味。

□**散見される⟷目につく、見受けられる**

「散見」は、あちこちに見えることで、「散見される」の形で使うことが多い。「いまだ○○が散見される次第です」など。

□**堅持する⟷守る**

「堅持」は、考え方や態度を貫き、妥協しないこと。「自説を堅持する」「既定の方針を堅持する」など。

□**抵触する⟷触れる**

「抵触」は「触れる」という意味で、おもに法やルールに触れるときに使われる。「法令に抵触する行為」など。

□**留意する⟷注意する、気をつける**

「留意」は、ある事柄を気にとめて、注意すること。大人社会では、「注意する」の代わりに使われている。「コンプライアンスに留意する」「ご留意願いたい」など。

□**励行する⟷行う**

「励行」は、決めたことをそのとおりに実行すること。「手洗いを励行するように」など。

□**勘案⟷考える**

「勘案」は、さまざまな要素を考え合わせることで、「諸般の情勢を勘案し」などと使う。なお、「勘える」も「案える」も「かんがえる」と訓読みする。

□**喚起する⟷呼び起こす、呼びかける**

「喚起する」は呼び起こすこと。「注意を喚起する」「世論を喚起する」などと使う。

□**寄与する⟷役立つ、貢献する**

「寄与」は、役立つこと。たとえば、人をほめるときには、「○○さんのご尽力は、まさしく寄与するところ大でありました」などと使う。

□**周知する⟷広く知らせる**

「周く」で「あまねく」と読み、「周知する」は広く知らせること。なお、同じ読み方の「衆知」は、多くの人々の知恵のこと。こちらは「衆知を集める」などと使う別の言葉。

□遵守《じゅんしゅ》する↔守る

「遵守」は、法律や規則をよく守ること。「遵う」で「したがう」と訓読みし、「法令遵守」などと使う。「順守」とも書く。

□看過する↔見過ごす

「看る」で「みる」と読み、「看過」は見過ごすこと。大目に見るというニュアンスを含む。「看過するわけにはいかない事態」など、「看過できない」という否定形で使うことが多い。

"重み"のある動詞をきちんと使えますか②

□期する↔目指す

「期する」は、前もって決心するという意味で、「必勝を期する」「期するところ大」などと使う。また、「明日を期して決行する」など、期限として定めるという意味でも使われる。

□所掌する↔担当する

「所掌する」は、つかさどることで、平たくいえば「担当する」。「本件を所掌する部署」や「私が所掌する案件」などと使う。

□合意をみる↔合意する

この「みる」は、「至る」という意味で、「合意をみる」「結論をみる」などと使われる。「今回、合意をみた件に関しまして」など。

□成案を得る↔案ができる

「成案」は、本来はできあがった文章や案のことだが、現代のビジネス社会では、交渉事の「合意案」という意味で使われている。合意案ができたあとは、「成案を得るに至った」ことは、誠によろこばしく」などと挨拶するもの。

□伏せる↔隠す

「伏せる」は多義的な言葉である分、「隠す」というよりも婉曲な表現になる。「しばらく伏せておきましょう」というと、「しばらく隠しておきましょう」というよりは、〝悪事感〟が消えて、大人の配慮による判断であるようにも聞こえる。

□馳せ参じる↔駆けつける

「馳せ参じる」は、大急ぎで駆けつけることで、鎌倉武士が戦いの場に駆けつけるようなニュアンスがある。今の大人社会では、「お招きにあずかり、馳せ参じてまいりました」など、目上に対して冗談めかした謙譲表現として使われることが多い。

よくいえば文語っぽく、悪くいえば古臭く言い換える

□いかなる↔どのような

「いかなる」は、漢字で書くと「如何なる」。「如何なる場合においても」「如何なる困難があろうとも」のように使い、「どのような」というよりもニュアンスを強めることができる。

□〜のみならず↔〜だけでなく

「のみならず」は、「小社のみならず、業界全体にとっても」などと使う。接続詞としても使い、「雨が降り、のみならず風も吹きはじめた」など。

□しかるべく↔適切に、状況に応じて

「しかるべく」は、文法的にいうと、古語の形容詞「然る可し」の連用形。「適切なやり方で」という意味で、「しかるべく処置いたします」などと使う。

□図るべく↔〜となるように

「図る」は、もくろむという意味で、「図るべく」は「〜となるように」という意味。「円滑化を図るべく」「効率化を図るべく」など、「○○化」とセットで用いられることが多い。

□〜なきよう↔〜ないよう

「なきよう」は文語的な表現が生き残った形。「遺漏なきよう」「怠りなきよう」など、言葉を重々しくする効果がある。

□遅滞なく↔遅れないよう

「遅滞」は、滞ること。「遅滞なく」は、それがないので、順調にという意味になる。「遅滞なく進んでおります」など。なお、「遅怠」と書くと、怠けて遅れるという批判的なニュアンスを含む言葉になる。

□遺憾なきよう↔心残りのないよう

「遺憾に思います」でおなじみの「遺憾」は、残念や心残りのこと。「遺憾なきよう」は、心残りのないように、という意味で、実質的には「適切に」という意味になる。「遺憾なきよう、お願い申し上げます」など。

□〜に係る↔〜に関する、〜についての

「かかる」にはいろいろな書き方があるが、

「係る」と書くと「〜に関する」「〜について」という意味になる。「本件に係る」は「この件に関する」という意味。

□**かかる↔このような、こうした**

一方、「かかる」は「斯かる」と書く連体詞の場合もある。こちらは「このような」「こうした」という意味で、「かかる事態に至っては」「かかる失態を演じるとは」などと使う。

□**〜ごとき↔〜のような**

「〜ごとき」は「〜のような」の文語的な言い方。「私ごとき者が、お招きにあずかるとは」というと、謙譲表現になる。

□**〜にて↔〜で**

「にて」は文語の格助詞で、口語の「で」にあたる。場所を示すことが多く、「講堂にて開催します」など、今は〝ハレ〟の場に対して使うのがふさわしい。一方、「いつもの居酒屋にて」などというのは、場所と助詞がミスマッチ。

□**出方いかんで↔出方しだいで**

「出方いかん」では、漢字では「出方如何で」と書く。この「如何」は、実質的には「事の成り行きしだいで」という意味で使われている。

会話のなかで使ってみたいひとつ上の日本語■さくいん

編者紹介

話題の達人倶楽部
カジュアルな話題から高尚なジャンルまで、あらゆる分野の情報を網羅し、常に話題の中心を追いかける柔軟思考型プロ集団。彼らの提供する話題のクオリティの高さは、業界内外で注目のマトである。本書は、これまで、ありそうでなかった、「できる大人」のためのハンディな言葉の言い換え辞典。子どもっぽい言い方を「大人語」に。ふだんづかいの言葉を「仕事の日本語」に。露骨な言い方を、「品のある言い方」に——。この一冊が手元にあれば、誰でも一瞬で言葉のバージョンアップがはかれる！

大人《おとな》の言《い》い換《か》えハンドブック

2018年7月1日　第1刷

編　者　話題《わだい》の達人倶楽部《たつじんくらぶ》

発行者　小澤源太郎

責任編集　株式会社プライム涌光
電話　編集部　03(3203)2850

発行所　株式会社青春出版社
東京都新宿区若松町12番1号〒162-0056
振替番号　00190-7-98602
電話　営業部　03(3207)1916

印刷・大日本印刷　製本・ナショナル製本

万一、落丁、乱丁がありました節は、お取りかえします
ISBN978-4-413-11260-4 C0030

90万部突破! 信頼のベストセラー!!

できる大人の
モノの言い方
大全《たいぜん》

話題の達人倶楽部［編］

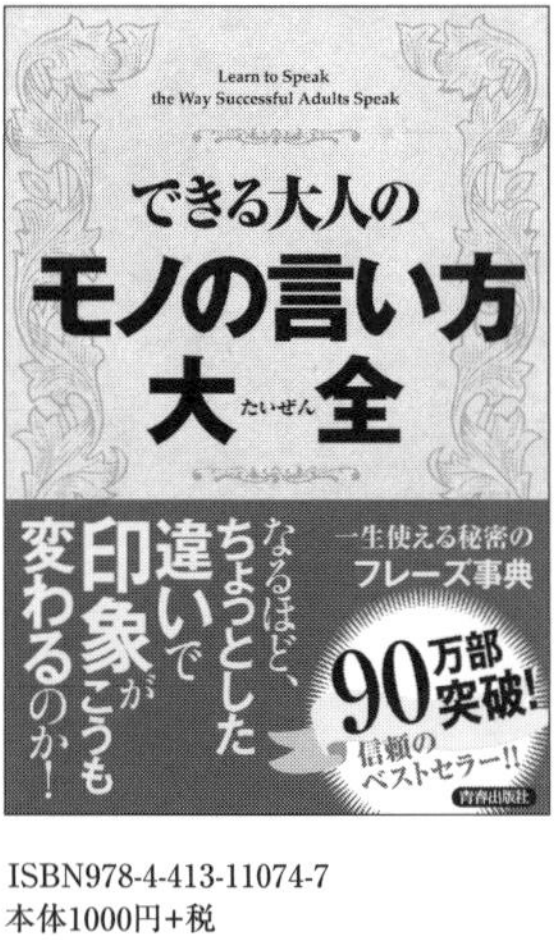

ほめる、もてなす、
断る、謝る、反論する…
覚えておけば一生使える
秘密のフレーズ事典

**なるほど、
ちょっとした違いで
印象がこうも
変わるのか!**

ISBN978-4-413-11074-7
本体1000円+税